ステップアップ介護

よくある場面から学ぶ

認知症ケア

山出貴宏=著

中央法規

はじめに

　「ステップアップ介護」は、介護職の皆さんが専門職として新たな一歩をふみ出すためのシリーズです。日頃の業務のなかで、「やってしまいがち」「よかれと思ってやっている」「あいまいなままやっている」「よくわからなくて困っている」といった場面はないでしょうか。本シリーズでは、そのような、介護現場によくある場面をイラストで紹介し、具体的にどのように考え、どのように対応したらよいのかをわかりやすく解説しました。

　基本的には、一つの場面を4ページで展開しています。前から順に読んでいただくことも、場面を選んで読んでいただくこともできるようになっています。

　また、本シリーズは、複数の介護事業所にヒアリングをさせていただき、「介護職が押さえておきたいテーマ」「職員研修で必ず取り上げるテーマ」として共通してあがってきたものをラインナップとしてそろえています。根拠となる知識や応用的な知識も収載していますので、新人研修や事業所内研修にも、そのまま活用していただけるものと思います。

　認知症のある人も人として「生活の営み」を継続しています。そのなかでさまざまな場面でのかかわりが必要になってきます。そこで本書『よくある場面から学ぶ認知症ケア』では、生活全体にかかわること、移動・移乗、食事、排泄、入浴・着替え、睡眠に分けて具体的な場面をあげています。その人とかかわるうえでは「できる・できない」ではなく、「できること・わかること」と「できづらいこと・わかりづらいこと」を知ることが大切になります。そして、その人が感じている不快や不安を目の前の出来事だけで考えるのではなく、さまざまな方向にアンテナを張りめぐらせて考え、知識と介護技術を用いて適切にかかわることの大切さも学べる内容になっ

ていると思います。

　目の前で起きていることには、何かしらの原因があるはずです。そのことを「認知症だから」と決めつけ終わらせてしまうのではなく、その行動の原因を追究していくことが大切です。原因を追究していくと、かかわり方で不快や不安などを与えていることが多くあるように感じます。行動・心理症状（BPSD）で出てしまっていることに対応するのではなく、行動・心理症状が出てしまった原因を追究し、その原因に対応していくことが重要になります。

　介護職の「一生懸命対応している」などといった一方的なかかわりでは伝わりません。一人ひとりに合った「伝わる」かかわりが必ずあります。感じ方は人それぞれだとは思いますが、不快や不安によりマイナスの影響につながっている現状は同じです。かかわりで与えてしまっている不快や不安を少しでも軽減できるように介護技術の視点もふまえて書いています。

　最初から、中重度といわれる人はほとんどいません。生活のなかでのかかわりで不快や不安を大きくし行動・心理症状の増幅から中核症状を進行させてしまうことがないように、知識と技術の見直しを継続し、生活内での不快や不安になっている根本の原因を軽減できるかかわりや思いを「伝える」から「伝わる」になるように心がけてほしいと思います。

　シリーズキャラクターの「つぼみちゃん」「はなこ先輩」とともに、「なぜ？」と自分で考え、実践できる介護職として成長し続け、また、事業所全体の介護もステップアップさせるために、本書をご活用いただければ幸いです。

2019年8月　山出貴宏

はじめに

Part 1　生活全体にかかわること

① 丁寧に声かけをしているつもりなのに緊張感を与えてしまう…… …… 002

② どうすれば季節の変化を感じてもらえるの？ …… 006

③ 脳トレーニングに最適なのは漢字ドリルや計算ドリル?! …… 010

④ 利用者同士が助け合っているのに、よかれと思って割り込んでいない？ …… 014

⑤ 会話をどううまく引き出せばいいの？ …… 018

⑥ 介護職に声をかけずに行動する利用者をすぐに止める?! …… 022

⑦ 暴言や暴力のない人、ある人で、利用者を決めつけてしまう…… …… 026

⑧ 帰宅したい気持ちが強い人には理由をつけて行動を止める?! …… 030

⑨ 徘徊を防ぐには鍵をかける?! …… 034

Part 2　移動・移乗

① 起き上がりの介助はてきぱきと?! …… 040

② 立ち上がりの介助をいやがられたら、いったん時間をおく？ …… 044

③ 立ち上がりの介助の際は手を引っ張る?! ……………… 048

④ 立位が不安定なときは全介助するのが基本？ ……………… 052

⑤ 転倒を防ぐつもりが行動を抑えている?! ……………… 056

⑥ わきをかかえるなどして無理やり動かしてしまう…… 060

⑦ 歩くのが危ないときは一緒にくっついて歩くのが基本?! ……………… 064

⑧ 歩行介助をすると怖がらせてしまうのはなぜ？ ……………… 068

⑨ 血管性認知症のある人の歩行は支える?! ……………… 072

⑩ 廃用症候群（生活不活発病）と認知症の進行予防のためにたくさん歩いてもらう?! ……………… 076

⑪ はきやすいように、大きめの靴をはいてもらう?! ……………… 080

⑫ 移乗介助のときに怖がらせてしまうのはなぜ？ ……………… 084

⑬ 移乗介助の際は、ズボンを持つのが安全?! ……………… 088

⑭ 移乗介助の際は勢いをつける?! ……………… 092

Part 3 食事

① 食事がすすまないのはおなかがすいていないから？ ……… 098

② 食べ物以外を口にしないように、周りの物は片づける?! ……………… 102

③ 食事を残すのは体調が悪いから？ ……………… 106

④ とろみ食にしても食べてもらえない…… ……………… 110

⑤ 歯みがきもみんなと一緒に食堂で?! ……………… 114

Part 4　排泄

1. 定時誘導はダメなの？ ……………………………………………… 120
2. おむつ交換したいのに、足を広げてもらえない…… ………… 124
3. トイレまで行くことができるのに誘導は必要?! ……………… 128
4. 何回もトイレに行きたいと言うのは、行ったことを忘れてしまったから？ ……………………………………………… 132

Part 5　入浴・着替え

1. 入浴介助をいやがるのは、お風呂に入りたくないから?! ……………………………………………………………… 138
2. 混乱を防ぐために入浴時間を固定する?! ……………………… 142
3. おだやかだったのに洗髪しようとすると、大声を出されてしまう…… ………………………………………………… 146
4. 入浴後に声をかけても衣服を着てもらえない…… …………… 150
5. 正しい衣服の着方を伝えたつもりが、自分で着られなくなってしまった?! ……………………………………………… 154

Part 6　睡眠

1. 夜寝るためには、日中たくさん活動をするのが大切?! ……… 160
2. 日中の活動は何でもよい?! ……………………………………… 164
3. 夜間睡眠にどうつなげていいかわからない…… ……………… 168
4. 毎日、昼寝はしっかりとすることが大切?! …………………… 172

キャラクター紹介

つぼみちゃん —— TSUBOMI CHAN

介護施設で働きはじめたばかり。憧れのはなこ先輩のように、花咲くことを夢見て一生懸命介護の仕事をがんばっている。
好きな食べ物はパンケーキ。おひさまを浴びることが大好き。

はなこ先輩 —— HANAKO SENPAI

つぼみちゃんの教育係の先輩。素直でいつも前向きなつぼみちゃんを応援している。
好きな果物はリンゴ。ミツバチと小鳥がお友達。

Part 1
生活全体にかかわること

まずは生活全体にかかわることなんだね。

そうだよ。生活全体の広い視野で見ていくことが大切だよ。

丁寧に声かけをしているつもりなのに緊張感を与えてしまう……

> **考えてみよう！** なぜ、Cさんは緊張しているのかな？

　同僚の介護職があわただしく動いているなかで、介護職のAさんが利用者のCさんに声をかけています。しかし、Cさんは緊張をしてしまっています。その緊張をやわらげるために、Aさんはさらに声かけをしていますが、Cさんの緊張や不安な表情は増しています。

緊張や不安をやわらげようと声かけをしているのに、なぜ不安そうなのかな？

話し方や周辺の環境も考えたことはあるかな。
確認してみよう！

Part 1 生活全体にかかわること

確認しよう！　どこがダメなの？

チェック1　ふだんの声かけと違っている！

　利用者に対して何かお願いごとをするときや、時間に追われ拒否されたら困るときにのみ丁寧な声かけをしても意味がありません。ふだんのかかわりのなかで、「ため口」や「怒ったような口調」、さらには「見下したような口調」があったとしたら、その場しのぎの丁寧な声かけは伝わらないといえます。

チェック2　見下ろす視線になっている！

　座っているＣさんに対し介護職が立ったまま話をすると、必然的にＣさんは見上げることになります。見上げていることで緊張が高まりやすくなり、さらに、そこに介護職が上から見下ろすことで威圧的になり、Ｃさんは恐怖を感じやすくなってしまいます。

チェック3　あわただしい動きをしている！

　介護職が業務に追われ、常にバタバタと忙しそうに動き回っていることで、利用者は周囲のあわただしい状況から視覚からのストレスを感じている可能性があります。声かけ前からすでに視覚からのストレスを与えてこころが落ち着かない状態になっているため、どんなに丁寧に声かけをしても介護職に話すことへの緊張が高まってしまいます。

いつでも利用者が声をかけやすいと思える関係ができているといいよね！

> どうしたらいいの？　話に耳を傾けやすい環境にしよう

ポイント1　ふだんからきちんとした言葉をつかう

　業務に追われていると「投げ捨てる」ような言葉になりがちです。また、「どうせ……」という気持ちがあった場合、相手を見下した言葉になりやすいです。自分より年齢が若い介護職にそのような言葉を浴びせられれば、利用者は不快を感じているかもしれません。言葉には感情が出やすいため、その場だけでなくふだんからきちんとした言葉をつかいましょう。

ポイント2　利用者の視線が少し下がるように話す

　利用者と会話をするときは、利用者を見下ろすことにならないように視線の高さを同じにして話すのが基本です。しかし、ずっと目を見つめられながら話をすると逆に緊張や照れにつながりやすくなります。介護職が利用者よりも少し低い姿勢になり、利用者の視線が少し下がることも大切になります。

ポイント3　ゆっくりとした時間の流れをつくる

　周囲が忙しく動いていると、利用者はその動きを見ていることから無意識にストレスを感じてしまいます。緊急時以外はバタバタと忙しく動くのではなく、ゆっくりとした時間の流れをつくるように心がけます。そうすることで、落ち着いた生活となり話に耳を傾けやすくなります。

● その場だけではなく、ふだんからしっかりとかかわろう

　利用者のことを思い丁寧な声かけをしているかもしれません。しかし、緊張しないようにと**構えてしまっていること**が利用者に伝わってしまうこともあります。

　また、周りの介護職が忙しそうに動き回っていたらどう感じているかをしっかりと考える必要があります。

　施設などでよく見かけるのが、**その瞬間だけの丁寧な言葉づかい**です。例えば、ふだんはそっけない声かけや対応なのに、「入浴してもらう」「食事をしてもらう」「トイレに行ってもらいたい」など時間に追われてしまっていると、拒否されたら困るからと丁寧な声かけをしていませんか？　認知症があっても介護職の対応によって恐怖を感じることがあり、いつもと違う話し方をすることで何かあると記憶していたり、認識をしていることがあるため気をつける必要があります。介護職のその場しのぎのかかわりによって、利用者が**ストレスを感じていれば**、どんなによい声かけをしても伝わらなくなってしまいます。ふだんからのかかわりを見られていることを意識し、声かけをしている周りの環境や話し方、視線にも気をつけることとふだんのかかわりから信頼関係を築くことが大切です。

ふだんからのかかわり方が大切なんだね！

どうすれば季節の変化を感じてもらえるの？

考えてみよう！　なぜ、季節に合わない服装をしているのかな？

　外は真夏で、介護職のBさんは業務に追われバタバタと動き回り汗をかいています。室内は、利用者のことを考えたエアコンの温度設定にしています。しかし、利用者のDさんは「寒い」と言って厚着をしています。

真夏の季節なのにどうして厚着をしているのかな？

利用者のことを考えた温度になっているのかな？
一緒に考えてみよう！

Part 1　生活全体にかかわること

確認しよう！　どこがダメなの？

チェック 1　視覚と体感にズレが生じている！

1年中温度が管理され、快適な空間で生活していると、見ている外の景色と肌で感じている温度に違和感が出てきて、利用者の季節に対する記憶と認識がズレ、季節感のない服装にもなってしまいます。

チェック 2　季節感を奪っている！

日中の長い時間が、快適に生活できる一定の温度になっていると、その温度での生活が長くなります。これでは、肌から感じられる季節感を奪ってしまっている可能性があります。

チェック 3　体感温度が違っている！

介護職は、あわただしく動いていれば本来の温度に関係なく暑く感じてしまいます。したがって、1日の生活のなかで座っている生活が長く、ほとんど動かない利用者とでは体感温度は違います。

認知症だから「季節感がなくなった」と考えるのではなく、わかりにくくしてしまっている環境を見直そう！

どうしたらいいの？ 季節を意識した生活空間にしよう

ポイント 1　見当識を考えたかかわりをする

Dさんの見当識(けんとうしき)を考えたかかわりをすることが大切です。例えば、視覚からは「暑そう」と情報が入ってきているのに、体感は「寒い」となれば情報にズレが生じてしまいます。そのズレを極力起こさないように、風鈴や生花のヒマワリを飾るなど夏の季節を意識できる生活空間の工夫を考えることが大切です。

ポイント 2　設定する温度にも変化をつける

「春─暖かい」「夏─暑い」「秋─涼しい」「冬─寒い」を感じることができるように部屋の温度を設定することが大切です。

さらに、1日のなかでも「朝」「日中」「夕方」「夜」と温度は変わるので、時間帯に合わせた温度設定をしましょう。常に同じ温度での生活では「つくられた見当識障害」にもなりかねません。

ポイント 3　生活に動きをつくる

1日中管理された温度のなかでボーっと過ごすのではなく、1日の時間の流れを考えて目的がある外出の機会をつくるようにします。そして、その時々の季節を感じてもらい、利用者自身に服装を選んでもらうようにしていきましょう。

見当識

見当識とは、現在の時刻、日付、場所、人物、周囲の状況などを総合的に判断して自分が今おかれている状況を理解することです。これらのことが判断しにくくなることを「見当識障害」といいます。

● 「継続した活動」で見当識にアプローチしよう

1年を通した活動で、なおかつ毎年継続できる活動は**「記憶・認識」や「見当識」へのアプローチ**になります。

・春……土づくり（発泡スチロールを活用）

田んぼがなければ、代用できるものを利用者と一緒に考えてみましょう。

・初夏……稲を植える

自分たちの手で植えることが重要です。

・秋口……稲刈り・脱穀

手作業は脳の活性化になります。できる人は、鎌で刈ることで集中力へのアプローチにつながります。

・冬……正月準備

縄編み、そして門松づくりをすることで、視覚・触覚から、季節の認識へのはたらきかけになります。

あくまでも事例の一つです。大切なことは、**1年を通して「季節」にかかわれる環境づくりをすること**です。一つの取り組みをイベントとしてかかわるのではなく、**24時間365日が生活の継続としてつながる（生活を営む）活動**を考え実践していきましょう。

3 脳トレーニングに最適なのは漢字ドリルや計算ドリル?!

考えてみよう！ なぜ、不快な表情をしたりやろうともしないのかな？

　脳トレーニング（以下、脳トレ）の一環で計算ドリルをしている利用者のEさん。介護職のBさんは、思い出しながら進めることで効果があると思っています。しかし、Eさんは簡単なドリルをやらされていることに不快な表情を浮かべ、やろうともしていません。

計算ドリルが好きではないのかな？

ドリルなどの学習をすれば脳トレになるのかな？
「脳トレ」がもつ意味を確認してみよう！

Part 1 生活全体にかかわること

確認しよう！　どこがダメなの？

チェック 1　脳トレ＝学習の考え方になっている！

ドリルやぬりえなど、脳トレ＝学習という考え方が浸透しすぎてしまっているように思います。その内容も認知症だからと解きやすいような簡単すぎるものばかりにしたりしています。そのため、簡単と思っているのにできないことがあれば不快でしかありません。

チェック 2　効果的な脳トレになっていない！

脳トレを効果的に行うことで認知症予防になるとされています。しかし、脳のどこに効果的なのか説明ができないままやってもらうことは、ただやらせているだけで何の意味もなく、ただの時間調整になっていることが多くあります。

チェック 3　みんなと同じ脳トレになっている！

その人に合った脳トレなのかをしっかりとアセスメントしたうえで行ったり、取り組み途中と後にもきちんと評価をしないと、利用者は「ただやらされている」という気持ちになり不安や不快を感じる可能性があります。

脳トレの内容も大切だけど、その人に合ったものなのかも検討していくことが大切だよ！

どうしたらいいの？ その人に合った脳トレになるようにしよう

ポイント 1　生活につながる脳トレをする

利用者の長期記憶が発揮（はっき）できることや、日常生活を考えて理解した行動などの生活につながる脳トレをするとよいでしょう。例えば、洗濯機（せんたくき）を使えるように工程を順番に書いて、それを見ながら操作できる環境をつくることなどが考えられます。

ポイント 2　生活の動作に目を向けてみる

認知症のある人は、認知機能の障害により一連の動作を行うことが難しいことがあります。そのため、記憶にかかわる側頭葉（そくとうよう）、動作や認識をしたりする頭頂葉（とうちょうよう）などを使う動きをすると効果的です。例えば、食事の際にはつくる・配膳（はいぜん）・下膳（げぜん）・食器を洗うなどの食べる以外の一連の動作を行うことで、できにくくなっている部分のアセスメントをすることもできます。

ポイント 3　自信につながるようにする

できないことや簡単すぎることは、不安や不快を感じプライドを傷つけかねません。ドリルなどの場合、ステップアップしていく内容に取り組むことで、今ある力を発揮できるだけでなく、新たにできることも見つかり、生活の自信につながります。

長期記憶と短期記憶

長期記憶とは、長い期間保持されている記憶のことです。なかでも手続き記憶は経験してきたこと（野菜を切るなど）が記憶に潜在（せんざい）しているため発揮されることが多いです。
短期記憶とは、一時的に保存される記憶のことです。時間が流れていることで次々と情報が入ってきてしまい、その情報を維持（いじ）しにくくなり、新しい情報が記憶として潜在しづらくなります。

Part 1　生活全体にかかわること

● できることを少しでも長く維持し、生活につながる脳トレをしよう

　認知症の進行予防と考えてドリルやぬりえに取り組むことが一概によくないわけではありません。自(みずか)らやりたいと感じている人や本当に必要な人が取り組むことはやりがいにもつながると思います。

　しかし、いろいろな事情で漢字を学べなかったり、読めるけれど書けない人もいます。3桁(けた)・4桁の計算ができたり、暗算ができる人もいます。認知症があったとしても、これまでの学習の背景が違ったりとさまざまな人たちがいるので、学習の観点からの脳トレをするだけではなく、生活の営(いとな)みを継続(けいぞく)できる脳トレに考え方を変えていくことが大切になります。

　日常生活のなかで適切に発揮することで脳を使っていると考えると、学習＝脳トレといったせまい視野での考えではなくなります。例えば、食べるだけでなく、つくる・配膳・下膳・食器を洗うなどの動作をしたり、洗濯機の工程を見ながら操作したりすることなどがあげられます。このように、利用者ができることを少しでも長く維持し、**生活につながる脳トレ**を考えていくようにしましょう。

 見守りの視点

　脳トレとしてドリルなどを使用するのは、集団で取り組みやすく見守りしやすい視点もあったりします。利用者の症状や行動を考え、見守りしやすいようなものに取り組んでもらうことは、本来の目的とは異なることを理解しておきましょう。

プライドを傷つけてしまうこともあるから、できることを少しでも維持させることが脳トレとしては大切なんだね！

013

❹ 利用者同士が助け合っているのに、よかれと思って割り込んでいない？

考えてみよう！ なぜ、利用者同士で教えながらやっているところに介護職が割り込んできたのかな？

　レクリエーションの時間などで、利用者同士で折り紙を折っています。利用者同士で教えながらやっているところに、折り方を教えるために介護職のAさんが割って入ってきました。

折り方を教えようとしていることのどこがダメなのかな？

Aさんは利用者同士でやっても「できない」「わからない」「危ない」と考えているのかもしれないね。
確認してみよう！

014

Part 1 生活全体にかかわること

確認しよう！　どこがダメなの？

チェック 1　偏見をもっている！

「けがでもされたら大変」「利用者同士でトラブルになってしまったら困る」など○○だからといった偏見をもってしまっていると、「やってあげる」といった過介助になりがちです。

チェック 2　利用者同士で協力できることを奪っている！

利用者同士で協力しているのは、自分たちでできると考えているからです。教え合って協力できることを奪うと、本人たちにストレスを与えてしまいます。できることを奪われることで不安や不快を感じ、そのことを味わいたくないと記憶からその行為が薄れていってしまうことにもなります。

チェック 3　「やってあげる」生活になっている！

協力し合ってできることまで介護職が「やってあげてしまう」ことで、利用者は楽に感じてしまい、自分でできることもやらなくなったり教え合うこともなくなったりします。そのことで、機能が使われず失われていき、認知症の進行にもつながります。

「やってあげる」のはいいことだと思っていたけど、そうではないんだね！

どうしたらいいの？ 「できる」という自信をいかすかかわりをしよう

ポイント 1　できることに目を向ける

認知症だからできないと決めつけるのではなく、利用者のできることに目を向けるようにします。そのうえでやり方がわかりづらくなっている部分にかかわるようにしたり、利用者同士が協力してできるのであれば最後までまかせることもケアの一つです。自分でできること、自分たちでできたことは、今後の生活の自信となるはずです。

ポイント 2　ヒントを伝えてサポートする

利用者同士でできることは教え合って取り組んでもらうようにします。そのなかで時間がかかってしまう部分があれば不安が生じないように、その部分を「○○してみたらどうですか？」「こうではないですか？」などとヒントを伝えてサポートをしましょう。

ポイント 3　協力し合いやすい雰囲気にする

利用者同士で協力し合いやすいように介護職は見守るような立ち位置でいるようにします。できることを維持できるだけでなく、コミュニケーションなども生まれ、ほかの利用者との関係もつながっていきます。

 認知症の進行

できていたことやわかっていたことが、できなくなったりわからなくなり、これまで過ごしてきたような生活を送れなくなってしまうことをいいます。

Part 1 生活全体にかかわること

● 生活に自信がつくようにしよう

　利用者同士が支え合っているのは、自分たちで考えて行動しているということになります。また、マズロー（Maslow, A. H.）の欲求階層説にもあるように、人間は誰でも誰かに認められたいという承認欲求をもっています。利用者同士で支え合うという行為は、この欲求を満たしていくことになると考えられ自信にもつながります。

　しかし、「認知症のある人同士でやってもできない」「行動を見ていたほうがよい」などと思っていると、「やってあげる」という考えが割り込むという行動で出ています。それにより、次のようなことが起きてしまいます。

① できる力を奪ってしまう
② 利用者自身が考えて行動することを奪ってしまう
③ できること、やろうと思っていたことを奪われることで不快が増大してしまう
④ やれると思ったことをやれなくなっていく不安が増大してしまう
⑤ まだ人のためになれるという自信を喪失してしまう　　など

　ほかにもたくさんあると思いますが、そのほとんどが生活を営むことへの支障になり、認知症の進行にもつながっていきます。**生活に自信がつくように、利用者同士で協力し合っていけるような環境**を整えていきましょう。

認知症のある人同士だと〝何か起こる〟と決めつけてはダメ！
私たちの仕事は「生活をつくる」ことであって、やってあげるといった「お手伝い」をすることではないはずだよ！

5　会話をどううまく引き出せばいいの？

考えてみよう！　会話を引き出すつもりが、なぜ混乱させてしまったのかな？

　利用者のFさんは自発的に会話ができにくい様子のため、介護職のBさんは会話ができるようにいろいろと話しかけています。答えやすいように質問形式で話を進めていっていますが、Fさんは混乱してしまっているようです。

会話を引き出そうとしているのに、逆に混乱してしまっているね。どうしてかな？

質問形式で進めているけど、本当にそのかかわり方でいいのかな？　確認してみよう！

Part 1　生活全体にかかわること

確認しよう！　どこがダメなの？

チェック 1　質問が多くなっている！

　Fさんから会話を引き出そうと、介護職はたくさん話しかけています。しかし、一度にたくさん質問をしていることで、何を聞かれているのかがわかりづらくなっています。質問を理解しようとしますが、聞かれた内容に対してどこから答えたらよいのか、何を聞かれていたのかが混乱してしまいます。

チェック 2　一度にたくさんの単語を並べている！

　会話は、単語の集合でできています。一度にたくさんの単語を並べてしまっていることで、会話の内容を認識しづらくしてしまっている可能性があります。

チェック 3　一方的なおしゃべりになっている！

　会話を引き出そうと必死になってしまうと、一方的なおしゃべりになってしまいます。そのため、次々と言葉を投げかけてしまうことになり、利用者に不快を与えかねません。

例えば、「今日は○月○日○曜日ですか？」であれば一つの会話に4単語が入っているよ。
詰め込みすぎてもよくないんだね。

「今日は何月ですか？」と聞くと答えられることもあるよ。

019

どうしたらいいの？　言葉を引き出そう

ポイント 1　質問ごとに言葉を待つ

　返事から情報を得ようとすると質問も多くなります。一つの質問ごとに言葉を待つようにしましょう。待つことは大切なかかわりです。それでも、なかなか言葉が出てこない場合は、次の質問に入る前に、例えば、「たたみ物たくさんありますよね」などと、目の前のことや取り組みなどについて話をしてみましょう。

ポイント 2　理解できる、伝わる会話にする

　相手が理解できる、伝わる単語の数で会話を進めることが大切です。認知症の症状によって記憶したり、認識したりできる数は違います。最初は短い会話から始め徐々に内容を長くしたり、同じ内容でも徐々に一文を短くしていくなど、利用者が不安や不快な表情になっていないかを確認して会話を進めていきましょう。

ポイント 3　行動や身振りからも様子をうかがう

　言葉だけで会話を引き出そうとするのではなく、利用者の行動や身振りなどからも様子をうかがうことは大切です。また、介護職側も言葉だけではなく身振りや道具、話がしやすい喫茶店のような音がある空間などをつくって会話をすることが大切になります。

注意力障害

　注意力障害は認知症にみられる症状の一つで、いくつかのことへ同時に注意を向けたり、多くの情報から自分に必要な情報を選ぶなどの能力に支障が出てしまうことです。

Part 1 生活全体にかかわること

● 会話を引き出すことに介護職が一方的にならないようにしよう

　介護職側の一方的な会話になっていませんか？　言葉を次々に投げかけられることで、会話の内容が認識しにくかったり、「責められている」「怒られている」と感じてしまう可能性もあります。介護職にそんな気持ちはなくても、認知症のある人は不安や不快につながりやすくなります。

　また、無理やり話題をつくろうとして「私は……」と自分の話ばかりになってしまうと、会話を閉じ込めたり、利用者の思いに反してしまうことがあるので注意します。利用者が**不安や不快な表情になっていないか確認して会話を進める**ようにしましょう。

　さらに、直接的なかかわりだけではなく、話がしやすい空間をつくるようにもしましょう。静まり返った空間では「話しづらい」「声を出してはいけない場所なのではないか」など不安をより感じやすくなります。テレビからの音ではなく、みんなが動いていたり自然と会話をしたり、音楽を流したりするなど、**生活のなかで「音」がある環境にしていく**ことが大切です。

　好きな曲はさまざま

> 高齢者だから当時のことを思い出してもらおうと子ども時代のものや演歌と勝手に決めてしまうことがありますが、洋楽が好きな人やポップが好きな人もいます。いろいろな曲があっていいのです。

ワンポイント！
「音楽」＝「童謡・唱歌・演歌・懐メロ」といった固定観念はなくそう！

021

6 介護職に声をかけずに行動する利用者をすぐに止める?!

考えてみよう! なぜ、Gさんは声をかけずに動こうとしたら止められたのかな?

　利用者のGさんはのどが渇いたので介護職に声をかけたいのに、忙しそうにしている介護職を見て声をかけることを遠慮しています。

　そのため、Gさんはお茶を飲みたいけれど声をかけられないと感じ、自ら動こうとしますが、動こうとするとほかの介護職が止めに入ってきます。

何で声をかけないまま、動こうとしたのかな?

声をかけにくくしているのにGさんが動くのも止めてしまっているよね?
どうすればよいか考えてみよう!

Part 1　生活全体にかかわること

> 確認しよう！　どこがダメなの？

チェック1　声をかけづらい状況になっている！

介護職が忙しそうに動いているため、声をかけるのを遠慮しています。声をかけられないため、Gさん自らが動いて自己解決しようとしています。

チェック2　行動を止めてしまっている！

認知症のある人は転倒しやすいといった間違った認識により、介護職はGさんが動くことによって転倒などをしないように行動を止めるかかわりになっています。そのため、自分で動こうとしているGさんにとっては不快に感じてしまいます。

確かに、行動を止められるとよい気持ちはしないね。

行動できる生活をつくるも、奪うも介護職の動きが重要だね！

どうしたらいいの？ 行動をしやすい環境にしよう

ポイント 1　安心感を与える動きをする

介護職のあわただしい動きを見て、何か起きているのではないかと不安に感じてしまったりします。声をかけやすいように、介護職はゆとりのある動きで安心感を与えるようにします。

ポイント 2　安全が確保できる環境にする

利用者の行動を止めるのではなく、待つ時間（1分以内が望ましい）などを伝えることで利用者は安心できます。また、通路として一本道があるような環境があることで生活空間の安全が確保できる環境になり、利用者自ら行動しやすくなります。

生活にはリスクがある

　自分で何かしようとしているところをそのつど止められてしまうことで、自由に動けないと思ってしまい、「どうせ止められるから……」とやる気を失ってしまいます。そのことで利用者自ら行動することがなくなり、廃用症候群がつくられてしまいます。
　また、生活にはリスクは必ずあります。誰でもリスクを負って生活をしているので、その権利を奪うことは尊厳を無視していることにつながっているといえます。

● 危険ばかりを気にするのではなく、行動しても安全な環境にしよう

　利用者が声をかけにくい状況を介護職の行動でつくってしまっていることに気づきましょう。介護職に声をかけるのを遠慮させてしまわないように、忙しく動き回るのではなく、ゆとりのある動きができるようにかかわり方を見直していくようにします。

　また、認知症のある人は転倒しやすいといった間違った認識により、利用者が自ら行動しようとしていると、まずは行動を抑えようとしてしまいがちです。しかし、行動を抑えられることは利用者にとっては不快な思いにつながるため、行動を抑えることで転倒などを予防するのではなく、**行動しても安全な環境にしていく**ようにしましょう。靴をしっかりはいているか、床が濡れていないか、物が散乱していないか、配線コードが床をはっていないか、棚の下から少し物がはみ出ていないかを確認するなど、あらかじめ危険を回避できることとして大切なことです。

行動を止めるよりも、行動しても安全な環境にしていくことが大切なんだね！

暴言や暴力のない人、ある人で、利用者を決めつけてしまう……

考えてみよう！ なぜ、Hさんは激怒してしまっているのかな？

　介護職のAさんは利用者のHさんに「みんなと一緒にレクリエーションをやりましょう」と声をかけています。しかし、Hさんは「やらない」と言っています。そのため、Aさんは暴言・暴力があると考え、「みんなと一緒のところに行かなければ困ります」と強引に手をにぎろうとした瞬間、Hさんはさんの手を払いのけながら「離して！　何するの！」と激怒しています。

Hさんはどうして怒っているのかな？

こうした場合、「認知症の症状が強い人」や「認知症が進行した」と判断されてしまうけど、本当にそうなのかな？

Part 1 生活全体にかかわること

> 確認しよう！ どこがダメなの？

チェック 1　目の前の症状だけに目を向けている！

　Hさんの行為を認知症による行動・心理症状（BPSD）の暴言・暴力ととらえ、介護職も強引に対応しようとしています。目の前の症状だけに目を向けているため、原因には気づけていないままの対応になっています。

チェック 2　症状のあるなしで利用者を決めている！

　症状だけをみて、認知症でも暴言・暴力があり問題があると考えています。介護職は利用者を「暴言・暴力のある人」「ない人」というように決めつけて、暴言・暴力の症状があるのは仕方ないと思い込み、強引な対応になっています。

チェック 3　問題行動ととらえている！

　利用者は自分の意思を言葉ではうまく伝えにくいため、行動にして現そうとしている可能性があります。しかし、行動の原因を考えるよりも、問題行動としてとらえてしまっています。

行動・心理症状

　暴言や暴力、不安、焦燥（不快）、興奮、抑うつ、不眠、昼夜逆転、幻覚、妄想、せん妄、徘徊、もの盗られ妄想、失禁などがあり、人によって現れ方はさまざまで、かかわり方などで改善する場合もあります。

どうしたらいいの？ 症状だけに目を向けないようにしよう

ポイント 1　原因を追究する

　暴言、暴力があるといわれる行動・心理症状の背景には原因があります。例えば、睡眠不足、便秘状態などの身体症状からなるものと、介護職などからの不適切な対応や言葉づかいなどからなるものがあります。症状が出てしまった前の出来事を振り返り、現れている症状の原因を解消していくようにします。

ポイント 2　認知症を見るのではなく「人」としてかかわる

　理由なく怒ったり、手を出したりしているのではなく、不快を感じている原因を自分で解決しています。それを暴言・暴力のある人としてのみ見てしまうことで、尊厳（そんげん）をもった対応ができなくなっています。認知症を見るのではなく、同じ「人」として接することでかかわり方は大きく変わっていきます。

ポイント 3　言葉には示せない思いに寄り添う

　認知症により思っていることをうまく伝えられなかったり、言葉のやりとりが難しくなることがあります。言葉には示せないことが、行動に現れていることがあるため、問題行動ととらえ強引な対応をするのではなく、利用者の思いに寄り添うようにします。

症状だけに目を向けないで、利用者の気持ちに寄り添ってかかわることが大切なんだね！

● 現れている症状の原因に理由があると考えよう

　中核症状や行動・心理症状が現れると、介護職はその症状だけに目を向けて症状を抑えようとしています。しかし、症状が生じる原因がわからない状態で症状を抑えようとしているため、利用者はさらに症状が増幅してしまいます。

　まずは、なぜそのような行動をしたのか、症状が生じる原因になったものについてさかのぼることが大切になります。原因から考えることで、その原因によって生じていた不安・不快な気持ちを解消することにつながります。

　それらの症状が問題なのではなく、**その現れている症状の原因に理由がある**と考えるようにしましょう。

症状が現れたときのかかわり方

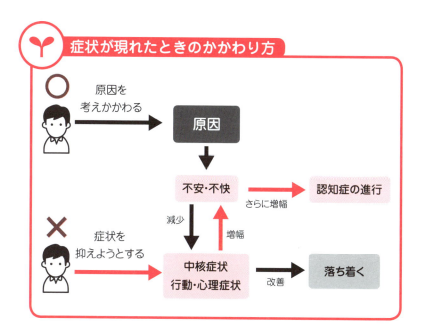

帰宅したい気持ちが強い人には理由をつけて行動を止める?!

考えてみよう！ なぜ、Ｉさんは帰ろうとしているのかな？

　デイサービスに通っている利用者のＩさんは、「もう家に帰る」と言い、入口・玄関を探して帰ろうとしています。そこで介護職のＢさんは「今、家に誰もいないのでまだ帰れません」などと言って引き留めています。

 帰る時間ではないから、理由を説明して引き留めることのどこがよくないのかな？

 帰りたい理由があるかもしれないのに、引き留められたらどんな気持ちかな？　考えてみよう！

030

Part 1　生活全体にかかわること

> 確認しよう！　どこがダメなの？

チェック 1　　説得になっている！

「帰る」と言って入口に向かって移動していく人や、外に出ていこうとする人に対して、「なぜ帰りたいのか？」を考えることなく、必死に説得をしようとしています。「時間までいてもらわなくては」といったことが先行してしまっているように感じます。

チェック 2　　引き留めるための理由ばかり伝えている！

「帰る」と言っている利用者を理由をつけて引き留めています。こうした引き留めるための理由の説明をくり返していると、利用者は帰れないことに対する不安から怒り出してしまうことがあります。すると、さらに手の込んだ理由づけを考え引き留め、どんどんと引き留めるための言い訳が重ねられていきます。

チェック 3　　帰りたいと感じる生活になっている！

帰りたい行動をみせることは帰宅願望と考えられてしまいますが、帰りたいと感じる生活がそこにある可能性があります。「帰りたい」と思う気持ち、行動にも原因はあるはずなので「帰宅願望」の一言ですますのは間違っています。

つまらない場所・いやな場所にいたら帰りたい気持ちになるのは当然だよ！

どうしたらいいの？ 帰りたい行動を止めないようにしよう

ポイント1　気になることを聞き出してみる

帰りたい原因を考えないで一方的に「帰れません」と伝え、説明をしようとかかわりは、利用者にとっては「邪魔されている」「怒られている」と感じてしまいかねません。「まだ帰れません」と伝えるのではなく、「何か気になることでもあるのですか？」など直接利用者に投げかけてみることも大切です。

ポイント2　利用者の話に耳を傾ける

利用者が一時的にでも納得するような理由づけを考えるのではなく、利用者の話を聞きどのような思いでいるのかを知りましょう。話を聞いてもらえることで安心につながります。

ポイント3　生活意欲の向上につながる生活にする

デイサービスでやることが終われば「終わったからもう帰ろう」となったり、ずっとテレビを見て過ごしているとすれば「やることがないなら帰ろう」と感じているかもしれません。

生活のなかで役割をもってもらうようにしたり、創作活動、趣味活動などで楽しめる生活が送れるようにしましょう。そのことが生活意欲の向上にもつながります。

帰宅願望

帰りたいとの要求が頻繁に出てしまうことや、実際にその場から帰ろうと外に出ていこうとすることです。本来、帰りたいという気持ちは誰でもあることなので、帰りたいということ自体は問題ではないはずなのですが、症状の一つとして考えてしまっています。何が帰りたい思いにさせているのかを介護職は知る必要があります。

Part 1　生活全体にかかわること

● 活動場所と認識できる生活を送ってもらう

・居場所だけではなく活動場所

　居場所をつくることも大切かもしれません。しかし、自分の居場所と感じるのには人それぞれ感じ方が違います。そのため、居場所をつくるのではなく、認知症のある人にとって**「何かに取り組める活動場所」と認識できる生活**を送るかかわりが大切になります。

　入所施設であれば、そこが居宅となります。例えば食堂を掃除(そうじ)や洗い物、交流などが行える空間にしたり、居室は息抜きができる空間にできればよいかと思います。

・業務内容を見直すこともケアの一環

　無理に利用者の行動を止めようとすることで、逆に「帰りたい」との思いが強くなってしまいます。そのときの気持ちを抑えつけたり、ほかのことへ気持ちを向けても一時のかかわりになってしまう可能性があります。

　「帰りたい」「帰らなければならない」と感じている**原因を追究していく**ことが大切です。帰りたい気持ちが増幅(ぞうふく)してしまった際は、無理にその場に引き留めることをしないで、外に出ることも重要なかかわりになります。

活動場所になれば、楽しみも見つかっていいよね！
外に出たいなら出てみるのも、利用者の思いに
気づくことにつながるんだね。

033

9 徘徊を防ぐには鍵をかける?!

考えてみよう! なぜ、Jさんの部屋には鍵がかけられているのかな?

　利用者のJさんは、部屋で過ごしているときに何かを思い出し外に出ていこうとしています。しかし、外に出ても途中で目的がわからなく迷ってしまいます。そのため、介護職は行方不明になったら困るとドアに鍵をかけて外に出られないようにしています。

安全なら鍵をかけるのがよいのかな?

外に出られない際の気持ちってどんな状態かな?
考えてみよう!

確認しよう！　どこがダメなの？

チェック 1　徘徊と思い込んでいる！

　利用者は目的があり行動をしようとしているはずです。その目的を達成できなくなるようなことや、目的が「何だったのか？」という記憶が薄れてしまってそのことを探している可能性もあります。しかし、介護職は徘徊（はいかい）と思い込んでいます。

チェック 2　外に行けないように鍵をかける！

　外に行けないように安易に施錠（せじょう）をすることがあります。鍵をかけられてしまい外に行けなくなることで、不安や不快は増幅（ぞうふく）してしまいます。また、外に出られないことで一生ここにいなければならないのかといったような不快や恐怖を感じ、そこから逃れようとさらに行動・心理症状（BPSD）は強くなってしまいます。

チェック 3　原因を探していない！

　鍵をかけたことで「外には出ていかない」と安心し、本来探るべき原因を追究しないで放置していることがあります。「認知症だから徘徊は仕方がない」といった考えがあるため、「室内だったら大丈夫」とかかわり方を間違ってしまっている可能性が高いです。

> **どうしたらいいの？** 利用者なりの目的があって動こうとしていることを知ろう

ポイント 1　利用者なりの認識がある

- もう帰る時間と認識している
- 「家」に忘れ物をした
- 自分の居場所じゃない　　　など

　利用者なりの認識があって外に行こうとしているので、会話や行動などからどんな小さな情報でもひろい上げましょう。利用者なりの認識に混乱などが生じ、不快や不安が出てしまっているので、まずはその部分を知らなければなりません。

ポイント 2　外に行っても安心する環境をつくる

　限られた職員数のため、利用者に外に行かれたら大変かもしれません。しかし、目先のことばかりに目を向け外に行けない環境をつくってしまうと、利用者は「閉じ込められた」と感じてしまいます。外に出られないようにするのではなく、外に出てしまっても安心な環境をつくりましょう。例えば、地域に住んでいる人ともふだんからかかわり、地域とつながっておくことも環境の一つです。

ポイント 3　室内でのかかわりこそ利用者の思いを知ることができる

　室内だからと安心するのではなく、利用者の不安が強くなりはじめた際には「どうしました？　大丈夫ですか？」などと声をかけましょう。そのことで安心でき思いを伝えてくれるきっかけになります。

● 目的を探すために行動しようとしていると考えよう

　徘徊とは、本来目的もなく、ウロウロ歩き回ることです。しかし、認知症のある人は何かしらの目的があり行動しています。それが途中で中核症状の影響で短期記憶や見当識(けんとうしき)に支障が現れ、目的や場所がわかりづらくなってしまうことにより、「その目的を思い出そうと引き続き行動をしている」ことだと考える必要があります。つまり、**目的を探す行動をしている**ことになるため、徘徊ではなく目的を遂行(すいこう)しようとしている当然の行為となります。

　しかし、介護職側は徘徊の一言で完結してしまい、利用者が認知症による徘徊で外に出て「事故にあってしまったら問題」「いなくなってしまったら問題」といった考えが先にきてしまっています。利用者は目的を探すために行動しているので、鍵をかけて外に出られないようにしてしまうことは、利用者に不安な気持ちや恐怖・ストレスを与えてしまっていると考えることが大切です。このように介護職側の都合による対応により、認知症の症状を進行させていることに気づくようにしましょう。

徘徊の一言で完結するのではなく、目的があって行動していることを知ることが大切なんだね！

Part 2
移動・移乗

移動・移乗で不安にさせていることってあるのかな？

日常生活の動きにかかわるところだからしっかり学ぶことが大切だよ。

① 起き上がりの介助はてきぱきと?!

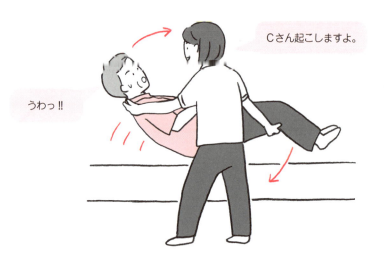

考えてみよう！ なぜ、恐怖心を感じているのかな？

　アルツハイマー型認知症の利用者Cさんは、声かけをすれば自分の力でゆっくりと起き上がれます。しかし、時間がかかってしまうため介護職のBさんはCさんに簡単な声かけだけし、その後勢いよく力まかせに起こすことで、恐怖を与えてしまっています。

すばやく介助するのはCさんにとってもよさそうだよね？

そうかな。勢いよく起こされることって「怖い」と思うよ。その結果どうなるか考えたことはあるかな？

Part 2 移動・移乗

> 確認しよう！　どこがダメなの？

チェック 1　「恐怖」を与えている！

　認知症のために、これから行う介助の了解を得る必要はないと勝手に思い込み、簡単な声かけのみでからだに触れています。さらに、早く起きてほしいことで本人の力、ペースも関係なく介護職本位で勢いよく起こしてしまい、恐怖を与えてしまっています。

チェック 2　「できない」と決めつけ、過介助をしている！

　認知症と診断されている人は、できないことが増えると思っているため過介助になっています。ゆっくりでも自分で起き上がれるのに介護職が起居動作の介助をすることで、利用者ができることを奪（うば）ってしまっています。

チェック 3　無理に起こしている！

　力まかせに起こされたり、介護職本位のスピードでからだを動かされたりすると、無理なからだの使い方になっているために利用者の全身に力が入ってしまいます。全身の筋に緊張（きんちょう）が高まり拘縮（こうしゅく）が進行してしまうと、利用者は自分で動きがとりづらくなるだけでなく、不安や不快の原因になります。

拘縮の予防も、認知症ケアの一環となるんだね。

> **どうしたらいいの？** 利用者のもっている力を引き出そう

ポイント 1　起き上がるためのきっかけをつくる

利用者が起き上がるためのきっかけをつくるようにします。例えば、認知症のある人は特にその認識にはたらきかけるように「自分に対して伝えている」ことがわかる声かけをします。また、起き上がる目的もしっかり伝えることで理由の認識につながります。

ポイント 2　ゆっくり丁寧にかかわる

介助の場面では、他者にされることで、不安や不快（恐怖）を感じやすくなっているため、ゆっくり丁寧にかかわることが大切です。さらに、利用者のもっている力を引き出していくことで安心感につながります。

起き上がるときは、まずは側臥位になることが大切です。その姿勢から、手前に円を描くように起き上がることで、上半身を腕で支えやすく起き上がりやすくなります。

ポイント 3　利用者自身による動作をふやしていく

利用者自身による動作をふやしていきましょう。利用者ができていること、また、やりづらいことは何なのかを知ることで、全介助していたことも部分介助ですむようになります。自分でできる動作がふえると、からだの緊張が減り、廃用症候群（生活不活発病）や拘縮の予防にもつながります。

● 介護職ではなく、利用者の力を発揮しよう

　介助の際、力まかせに起こすことで遠心力がつき、さらにスピードが加わると、利用者は介助のたびに恐怖を感じてしまいます。

　介護職は「ゆっくり」のつもりでも、利用者にとってはスピードを感じてしまっていることが多いです。**利用者にとっての「ゆっくり」**にもとづくかかわりに見直していきましょう。その際、「からだのこわばり」や「表情がかたくなっている」「動くときに声が出る」などがみられたり、からだに触れた際に怒りの表情がみられたりしたときには、認知症に伴う症状ではなく、介助のスピードなどのかかわり方が不適切なのだと考えましょう。

　認知症がある人だから「わからない」「できない」わけではありません。介護職が「わかりにくい部分」「できにくい部分」を知り、その部分に対する声かけをしていくことで利用者の認識にはたらきかけていきましょう。そして、介護技術を用いたかかわりを通して、利用者の力を適切に発揮してもらえるようにしていきましょう。

 筋緊張・拘縮

　拘縮とは、同一姿勢が長いことや不適切な関節の動かし方、からだの使い方などで筋や関節が固まってしまうことです。
　筋緊張とは、常に筋に力が入ってしまっていることです。この緊張が緩和できなければ、その部位の短縮につながってしまいます。

 廃用症候群（生活不活発病）

　生活が不活発になったことが原因となり、あらゆるからだや頭のはたらきが低下し、生活が送りづらくなってしまうことです。介護では、「できることもやってあげてしまう」ことから生じてしまうことが多いです。

2 立ち上がりの介助をいやがられたら、いったん時間をおく？

考えてみよう！ なぜ、Dさんは立とうとしないのかな？

　介護職のAさんが利用者のDさんに集団レクリエーションに参加してほしくて声をかけました。しかし、Dさんは立とうとしません。Dさんはふだん自分のペースで立つことができていますが、Aさんは「今は自分で立てない」と判断し立たせようとしました。Dさんがいやがるため時間をおいて対応しましたが、同じ状況をくり返しています。

立つことをいやがっているようだよね？

いやがられたら、時間をおくことが最善のかかわり方なのかな？

Part 2　移動・移乗

> 確認しよう！　どこがダメなの？

チェック 1　意思を確認していない！

　介護職は利用者に集団レクリエーションに参加してほしくて声をかけています。しかし、Dさんは集団レクリエーションに参加したくないのか、立とうとしません。介護職はDさんの参加の意思を確認することなく、「今日は自分では立てない」と誤った判断をしています。

チェック 2　無理やり立たせている！

　立つつもりのない利用者を無理やり立たせることは、「無理やり参加させられる」や「どこかに連れていかれる」「何かをさせられるのでは」といった不安や不快を強く抱かせます。

チェック 3　時間をおいても同じ対応をしている！

　介護職は、利用者が自分では立てないと決めつけているため、いやがったとしても時間をおいて立たせればよいと考えています。しかし、ふだん自分のペースで立つことができているのであれば、今立ち上がろうとしないのは、身体的・心理的に不安や不快を与えていることが原因かもしれません。そこに気がつかなければ、時間をおいても状況は変わりません。

> そうか。
> 無理やり立たせていることになってたんだ。

どうしたらいいの？　目的を伝え、意思を確認しよう

ポイント 1　目的をしっかりと伝える

"認知症だから伝えてもわからない"と考えてしまっているのであれば、これは大きな間違いであり尊厳を無視しています。

「なぜ立ってほしいと思っているのか」「何のために立つ必要があるのか」を伝え、まずは本人の意思を確認しましょう。

ポイント 2　無理な介助をしない

立つつもりがないのに介護職の都合を押しつけ、利用者を無理に立たせようとしてはいけません。この場面では利用者は「立たない」「行かない」と思っています。介護職は利用者を立たせるのではなく、立とうとしない原因を考える必要があります。

ポイント 3　利用者の思いを確認する

自分で立てるのに立たないのには、疲れているやつまらないといった身体的・心理的な原因もあったりします。時間をおいて立たせようとするのではなく、その原因を探り解消するようにします。認知症のある人でも活動・参加への意思はあります。直接、利用者がどのように思っているのかを確認することは重要です。

● 利用者の気持ちを尊重したかかわりをしよう

　介護職が、認知症があるから伝えてもわからないと思ってしまうと、声かけしても利用者が立たない場合、「自分で立てない」などといった勝手な判断をしがちです。利用者に立ってもらいたいときには、何のために立ってもらうのか**目的を伝え**ます。そして、認知症のある人でも活動・参加への意思はあるため**本人の意思を確認する**ようにしましょう。

　また、時間をおいて同じ対応をするのではなく、立ちたくない原因を探り、その原因が解消できるような対応をすることが大切になります。**利用者の気持ちを尊重したかかわり**を心がけましょう。

時間をおく対応が適切なとき

　利用者を誘うタイミングによっては、時間をおく対応が適切なときもあります。例えば、利用者が「活動の最中」「何かに興味を示している」など意識がほかに向かっているときは時間をおくようにしましょう。

きちんと目的を伝え、利用者の意思を確認することが大切だよ！

3 立ち上がりの介助の際は手を引っ張る?!

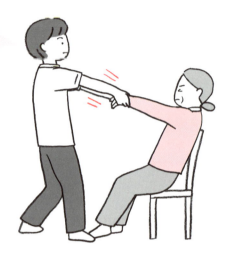

両手を引っ張れば
立てるかな。

考えてみよう! なぜ、Eさんはこわばった表情をしているのかな?

　利用者のEさんは、立ち上がり動作が難しい状況にあり、立とうとするとドスンと後方に尻もちをつくように倒れてしまいます。そこで介護職のBさんは両手を引っ張るような介助をしていますが、利用者は立ちづらそうで表情もこわばり、いやがっているように見えます。

両手を引っ張ると立ちづらいのかな?

無理に立たせているように見えるよね?
立ち上がり介助としてよいのか確認してみよう!

Part 2 移動・移乗

> 確認しよう！　どこがダメなの？

チェック1　立ち上がり動作に不快を感じている！

　介護職が斜め上に引き上げるような介助をしているため、利用者は本来立つために必要な動作と違う動きになってしまっています。腕だけを引っ張られ無理やり立たされる感覚になり、立つことに不快を感じてしまい、その不快から逃れようとして立ち方の記憶も薄れてしまいます。

チェック2　痛みをつくっている！

　介護職は利用者を立たせるために、両手をにぎっています。そのことで両手の甲など介護職がにぎったところに皮下出血ができやすくなります。利用者はにぎられた跡を見て、何のときにできた跡なのかを記憶しにくいこともあり、介護職を見ると「痛いことをされる」と不安を感じてしまいかねません。

チェック3　足でふんばっている！

　介護職に両手を引っ張られることで、利用者は「何かされる」という恐怖を感じ、表情もこわばらせています。また、引っ張られることに対し拒否しようと、足をふんばって体重を後方にもっていく姿勢になっています。これにより利用者は自分で立ちにくいとさらに感じてしまうことになります。

皮下出血

　一点に強い力が加わることで皮下組織にある血管が切れて出血している状態です。血液は流れることなく皮膚組織や粘膜に入り込み、あざのようなものになります。血管や血液の異常によって起こる場合もあります。

どうしたらいいの？　立ちやすさを伝達しよう

ポイント 1　お辞儀の姿勢になるようにする

　介護職が両手を引っ張り上げることで、利用者のお尻が上がらず立ちにくい状況になっています。お辞儀の姿勢をとってもらうことで、足に体重が乗りお尻も浮いて軽くなります。この動作により立ちやすさを実感できるようになり、立つことへの不快も感じなくなります。

ポイント 2　目で見える跡をつくらないようにする

　引っ張り上げるために両手をにぎるとそれが皮下出血の原因になります。まずは「手は添える」ことを念頭におきます。そして、声かけと一緒にゆっくりと誘導していきます。跡という形で不安は残るため、利用者が目で見えない傷ももちろんですが、目で見える傷をつくらないようにしなければなりません。

ポイント 3　安心感をもってもらう

　利用者の足に体重が乗り楽に立ち上がることができれば、自分でできているという安心につながり、さらに身体機能の維持にもつながります。そうして生活に自信がついていくことが認知症の進行予防にもなります。

介護職の介助で立ち上がることの不快を与えていたんだね。
安心感をもってもらうように、丁寧にかかわることが大切なんだね！

Part 2 移動・移乗

● 立ち上がりやすさを伝え、安心を感じてもらおう

　介護職が誤った介助をすることで利用者が立つことに不安を感じ、「立ちたくない」と認識してしまいます。そこに、認知症の症状による記憶障害が重なってしまうことで、立ち上がりに不快を感じその不快から逃れようとして立ち方の記憶が薄れてしまう結果にまでつながりかねません。立ち上がれないことで、目的があっても達成できなくなり、生活を送ることも難しくなってしまいます。

　介護職が立ち上がりの介助をするときは、利用者を「立たせる」のではなく**「立ちやすさ」が伝えられるかかわり**をしていきましょう。そのことで安心感が生じ、さらに身体機能の維持にもつながっていくため認知症の進行予防にもなります。

引っ張る以外に、こんなかかわり方をしていないかな？

　無理やりズボンを引き上げることで、腰だけが浮いてしまいます。そのため、強制的にからだを引き上げている状態になります。また、下着などが食い込み、陰部に不快が残ってしまいます。

　わきの下に手を入れた形の介助は、お辞儀の姿勢をとりにくくなります。介護職は腕の力のみで真上に持ち上げることしかできないため、利用者の能力は何も発揮できません。また肩関節に負担がかかり痛みなどを感じやすいです。わきの下ではなく、肩甲骨付近を支えるとよいです。

051

❹ 立位が不安定なときは全介助するのが基本？

Fさんがふらふらしているから転倒しないように介助しないと！

考えてみよう！ ふらふらとしていたら、介助するとよいのかな？

　利用者のFさんは、ふだん腰をしっかり伸ばし立位が保てています。この日はいつもと違う状況で、立ち上がった後腰が曲がった状態でふらふらして、今にも転倒（てんとう）しそうな状況が見受けられます。そのため、介護職のAさんは認知症のために危険と判断し、Fさんが立ち上がろうとするとすぐに介助するようになっています。

ふらふらとしてしまったら、本当にずっと介助が必要なのかな？

介助することも大切かもしれないけど、ふらふらしてしまった原因を探したのかな？

Part 2　移動・移乗

> 確認しよう！　どこがダメなの？

チェック 1　実行機能に支障が出ていることだけ考えている

　利用者の立位に不安定さが出ていることで転倒への心配ばかりに意識が向かっています。介護職は利用者がふだんはできているのにこの日は実行機能に支障が出ていると考え、原因を解決しないまま介助しようとしています。そのため、不安定さは変わらず介助してしまうことでより不安定さを感じている可能性があります。

チェック 2　ふだんとの違いを確認していない！

　Fさんはふだんは腰を伸ばしているのに、この日は腰が曲がっています。なぜそのような状態になっているのかを介護職は介助する前に確認していません。立つことに危険があると判断する前に、ふだんとの違いを確認しなければ、腰が曲がっている原因はわからないままになります。

チェック 3　介助をして危険がないようにしている！

　利用者の転倒しそうな状況が見受けられただけで、転倒の危険があると判断し介助をするようになっています。できることに目を向けないで、危険の回避だけを考えるかかわりは、利用者の尊厳を奪うことになります。

> **実行機能障害**
>
> 　計画を立てて順序よく物事を行いにくくなってしまうこと。この場面では、ふだんは立ち上がった後に腰を伸ばしてから次の動作に移っているのに、この日はその部分を行うことが難しくなっている状況を示しています。

053

どうしたらいいの？　どの部分に支障が出ているかを知ろう

ポイント 1　声かけをし、腰を伸ばせるのかを確認する

　歩くために必要な動作において、どの部分に実行機能の支障がみられているのか原因を知る必要があります。この場合、腰や膝を伸ばすことが難しくなっているため、「腰を伸ばしてみてください」などの声かけをし、腰を伸ばせるのかを確認することも一つです。

ポイント 2　腰が曲がっている状態の原因を確認する

　腰が曲がっている状態にはほかにも原因があるかもしれません。例えば、腰痛がある、便秘気味で腹部に違和感がある、靴がしっかりとはけていないなど、不快を感じている部分があることによって腰を曲げていることもあります。利用者は常に原因を伝えられるとは限らないため、介護職が自ら気づき、介助する前に原因を確認することが大切です。

ポイント 3　危険な状態のままにせず安心に変える

　一度転倒やふらつきなどを目にすると、認知症のある人から目が離せなくなり、介助が必要になると考えてしまいがちです。認知症だからという理由ですぐに介助するのではなく、立位を保持するうえでできている部分とできづらくなっている部分を確認します。この場合は、ふだんの姿勢のように腰を伸ばせるかどうかを考え、転倒の危険につながる原因を探り、安心に変えられるようにしていきます。

Part 2 移動・移乗

● 目の前の症状だけに目を向けず、ふだんの状態との違いを知ろう

　認知症の症状があったとしても、できることはたくさんあります。ここでは、実行機能の低下がみられ、ふだんとは違い腰が曲がった状態で行動しようとしていたことで、転倒への危険ばかりに目が向けられています。何が原因でそのような状態になったのかを知らないまま介助したのでは、利用者はさらなるストレスを感じてしまうことがあります。ふだん立位を保てているのであれば、介護職は介助する前に、利用者の**ふだんの状態との違いに気づくことができる**ようにしましょう。

　目の前の状態だけに目を向けて、危険と決めつけるのではなく、転倒の危険につながる原因を探り、安心に変えられるようにしていくことが大切です。

座位姿勢も大切

　立位姿勢には直前の座位姿勢(ざいしせい)も大切です。浅座りの状態が長いことで腰に違和感が出ることや、車いすのフットサポートに足を乗せたまま長時間座っているため足に力が入りづらくなってしまうことで、膝や腰が伸ばしにくい状況になることがあります。このように座位姿勢で負担がかかってしまうと立位姿勢にも影響があり、ふだんできていることにも支障が出てきます。

「認知症だから転ぶ」という間違った認識で、すぐに介助が必要と思い込まないことが大切なんだね。

055

5 転倒を防ぐつもりが行動を抑えている?!

考えてみよう！ なぜ、行動を抑えようとしているのかな？

　利用者のGさんは短期記憶に支障はあるものの問題なく行動ができています。しかし、行動をしようとすると介護職のBさんが必死な表情で駆け寄ってきます。駆け寄りながら、もしくは駆け寄った後、「どこへ行くのですか？」と声をかけています。さらに、やや強い口調で「転んだら危ないので勝手に動かないでください」などとも伝えてしまっています。

Gさんが行動をしようとすると、止めに入っているよね？

行動を止められてしまうと、どんな気持ちになるかを考えたことはあるかな？　確認してみよう！

確認しよう！　どこがダメなの？

チェック 1　転倒を防ぐことに必死になっている！

利用者が行動したときに転倒を防ぐことに必死になると、行動を抑えてしまうことにもなります。行動を抑えてしまうことは、不快や不安を与えてしまっていることに気がつかなければなりません。

チェック 2　行動に対する意欲を低下させている！

何かしようとするとすぐに介護職が駆けつけ、「また止められる」という利用者の記憶・認識が蓄積されていけば、行動に対する意欲が低下していきます。そして、自由に行動できないことにより不快が募ってしまいます。

チェック 3　「監視」になっている！

自分で行動しようとするとすぐに駆け寄ることで、介護職側は「見守り」と思っていても、利用者は「監視」されている感覚になるかもしれません。

また、駆け寄る際の介護職の必死な表情を見た利用者は恐怖を感じてしまうかもしれません。

リスク管理を間違えると、利用者の身体的・心理的負担は増えてしまうんだよ。

> どうしたらいいの？　行動意欲が維持できるようにしよう

ポイント 1　行動する目的に目を向ける

　利用者は目的があって行動をしています。1人で歩いたら転倒すると決めつけることはやめましょう。生活のなかで、どのタイミングで行動が始まっているのかを知ることができれば、もし利用者が目的を忘れてしまっても、何をしに行こうとしていたかを介護職が伝えることができます。

ポイント 2　行動意欲を維持できる環境にする

　短期記憶に障害があることで行動の途中に目的が薄れ、その不安からその目的を探す動きをすることもあります。利用者は目的を探しているなかで注意力に支障が出てしまう可能性もあるため、安全に行動できるように、床に水が垂れていればすぐにふいておくなどの環境面を整え行動意欲を維持できるようにします。

ポイント 3　安全に行動できるようにはたらきかける

　安全に行動できるように、利用者がどのくらい記憶が維持できているのか（即時記憶・近時記憶・遠隔記憶）、どのくらいの時間で注意力に支障が出始めるのかを把握しておく必要があります（「**注意力障害**」(p.20)）。これらの短期記憶に支障が出始める前にかかわることで、不安が募る前にサポートができるようになります。

さまざまな記憶

・即時記憶……数秒単位での記憶（直々前の出来事）
・近時記憶……数分単位での記憶（直前の出来事）
・遠隔記憶……長い単位での記憶（長期の出来事）

● 行動意欲を維持していける環境に変えていこう

　認知症だから目的の記憶も薄れ、そのなかで行動するのは「危ない」「できない」と誤った知識をもっていると、介護職は利用者の転倒を防ぐために勝手に動かないように座った生活を送るようにしてしまいます。そうすると、生活に必要な筋力や機能までも低下し、さらには、廃用症候群（生活不活発病）まで招き、利用者のＱＯＬ（生活の質）・ＡＤＬ（日常生活動作）を低下させてしまいます。利用者は自由に動けなくなることで不快が増幅していきます。その不快に介護職が気づくことができなければ、認知症の症状を進行させたり、転倒しやすくさせてしまう状況になります。

　行動とは、目的を達成するために自ら考えて行った結果です。認知症があっても意欲があり自分で考えて行動を始めることができます。意欲を失わせるような**行動を抑えるかかわりはやめましょう**。危険だと思うのであれば、利用者が**安全に行動できるように環境を整え、行動意欲を維持していく**ようにしましょう。自ら行動しようとしている人の行動を抑えることは、身体拘束にもつながってしまいます。小さな自立でも奪わないようにかかわっていくことが大切です。

ADL（日常生活動作）

　食事・更衣・移動・排泄・整容・入浴など生活を営むうえで不可欠な基本的な行動のことです。毎日くり返され継続されていきます。

座ってばかりだと行動する意欲も起きないね。
行動意欲を維持していけるかかわりが大切なんだね！

6 わきをかかえるなどして無理やり動かしてしまう……

さあ、Hさん歩きますよ。

自分のペースで歩けるのに……

考えてみよう！ なぜ、Hさんを無理やり動かしているのかな？

　利用者のHさんは、転ばないように注意しながら自分のペースで歩くことができています。しかし、介護職のBさんは業務を優先し時間がないからとHさんのわきをかかえて早く歩かせようとしています。Hさんは恐怖のあまりいやがっていますが、そこをさらに介護職は無理やり引っ張って歩かせようとしています。

Hさんは気をつけて歩けているのに、なぜ早く歩かされているのかな？

Hさんの動きを考えていないから無理やりになってしまっているね。どんな思いをしているだろう？

Part 2　移動・移乗

確認しよう！　どこがダメなの？

チェック 1　介護職の時間を優先している！

　利用者は自分なりに注意しながら歩くことができるにもかかわらず、介護職がわきをかかえて無理やり連れていくために、利用者は恐怖を感じています。介護職は業務の時間を優先しているため、利用者が動きづらくなっていることに気がつけなくなっています。

チェック 2　利用者の動きに合っていない！

　無理やり歩かされることで利用者のリズム、スピードではなくなるため恐怖を与えています。そのことで、利用者は不快や不安を増幅（ぞうふく）させてしまい拒否するような行動をとってしまいます。

チェック 3　自分から動く能力も奪っている！

　利用者は、「どこかに連れていかれるのではないか」と不安（恐怖）を感じるだけではなく、無理やり歩かされることで自分から動くという気持ちも低下する可能性が高くなります。

介護職の時間の優先により、
わきをかかえて引っ張られることは怖いよね。
どこに連れていかれるのかと
恐怖を感じている可能性もあるよ。

061

どうしたらいいの？ 介護職本位な対応を見直そう

ポイント 1　利用者の生活サイクルを考える

　介護職は施設や事業所の業務サイクルに合わせて食事・入浴・排泄といった三大介護を行おうとする傾向があります。しかし、生活の主人公は利用者本人でなければなりません。介護職の時間や都合を優先するのではなく、利用者の行動を分析して、その人の「生活サイクル」を考えていきましょう。

ポイント 2　「認知症」や「障がい」ではなく、利用者と向き合う

　認知症のある人にいやがる様子がみられると介護職はそれを拒否行為と考えてしまいがちですが、まずはいやがる理由やかかわり方を振り返って原因を追究することが大切です。介護職は「認知症」という病気や「障がい」という状態に向き合っているのではありません。「認知症」や「障がい」のある「利用者本人」と向き合っているという自覚が必要です。

ポイント 3　利用者の力で動けるように導く

　介護職のかかわり方次第で、利用者の行動・心理症状（ＢＰＳＤ）が増幅し、その結果、認知症の進行につながってしまいます。わきをかかえて無理やり連れていくのではなく、現有能力を発揮して動いて向かってもらうように、はたらきかけることが大切です。

 目的を遂行してもらう

　利用者が自分で「目的を遂行」できれば、生活に自信がもてます。一方介護職は、今まで過介助や不適切なかかわりをしていた分、別の業務に時間を使うことができます。

Part 2 　移動・移乗

● 自分の力で行動できていると認識してもらおう

　業務のみを必死にこなすことは介護職の都合でしかありません。利用者の生活を考えるよりも業務の時間を優先するあまり、無理やり動かしたり引っ張ることで、その部分の皮膚に圧がかかり、皮下出血や皮膚剥離などができやすくなります。認知症だからされたことがわからなくなっていたり、記憶できていないと思うのは大きな間違いです。「何かをされる」といった不安は利用者の記憶に潜在していき、介護職が近づくと「何かされる」と認識して行動・心理症状も増幅してしまいます。利用者に恐怖を感じさせるのではなく、**どうしたら自分の力で動けるのかを考える**ことが大切です。

・行動にうつる「思い」を知る
・本人にとって「動く必要性」が伝わるように会話する
・現有能力、潜在能力を適切に発揮してもらえる介護技術を身につける
・常に「ゆっくり丁寧に」を前提に考える
・利用者のペースを知る

　まずは、これらのことを介護職が十分配慮することで利用者が自分の力で行動できていると認識できるようにしていきましょう。

現有能力・潜在能力

　現有能力とは、現在もっている力（能力）で、表に出ているためわかりやすいです。潜在能力は、本来もっている力（能力）で、ふだんは潜在していますが、適切にかかわることで発揮できます。

利用者が自分の力で行動できると思えることが大切なんだね！

063

7 歩くのが危ないときは一緒にくっついて歩くのが基本?!

考えてみよう！　なぜ、Iさんは後ろを気にしているのかな？

　利用者のIさんは杖を使いながら歩くことができます。介護職のAさんもそのことは理解していますが、つまずかないように周りに物を置かないようにして、広い空間をつくっています。また、Iさんの後ろからついて回っていることで、Iさんは後ろから追われているように感じ注意散漫な状態になってしまっています。

安全のためによさそうに思うけど……

ついてこられることで、Iさんも落ち着かない様子になっているよね。逆に危険が増しているかもしれないよ。

確認しよう！　どこがダメなの？

チェック 1　注意散漫な状態になっている！

Iさんは杖を使いながらも気をつけながら自分で歩いています。しかし、介護職はつまずいたときのことを考え、Iさんを凝視しながらついて回っています。Iさんは後ろから追われているように感じ注意散漫な状態になっていることで、歩きづらさを感じており、結果として転倒の危険を高めてしまっています。

チェック 2　追われていると感じている！

利用者が追われていると感じることで逃げるように早足になってしまうことがあります。今まで以上に歩行に集中ができず、注意力の低下などから危険が増していきます。さらに、誰かに追われていると感じることで、生活のなかに常に不安や不快が生まれ、認知症の症状を進めてしまっている可能性が高いです。

チェック 3　空間が広すぎる！

転倒しないようにIさんについて回るだけではなく、ぶつからないように広い空間をつくっています。このような空間では、バランスをくずしたりしたときに支えとなるところがありません。また、今まで送って来た生活とは違い、周りに注意をしなくても歩けるという認識をしてしまうと周辺の状況を見ないで歩くようになり、物がある場所などで転倒の可能性が高くなります。

どうしたらいいの？　ついて回らなくても歩ける環境にしよう

ポイント 1 　利用者に顔が見えるようにする

　認知症であっても、バランスをくずしやすいという自覚はあり利用者自ら気をつけています。本当に転倒のリスクが高いのであれば、後ろからついて回るのではなく利用者の横について会話などをしながら一緒に行動しましょう。介護職の顔が見えることで利用者も安心します。

ポイント 2 　危険のあるところにかかわる

　介護職が危ないと思い、ついて回ることで、利用者は常に追われている認識をもってしまいます。その認識により危険もさらに増すため、ついて回るのではなく、方向転換でつまずくときなど、危険のあるところにかかわります。その他は自分で歩いてもらい生活の自信につなげましょう。

ポイント 3 　支えがある生活空間にする

　危ないと決めつけていることで、転倒以外のリスクをふやしています。生活空間を少し工夫することで、安心して過ごすことができます。例えば、右のように生活空間の中央を通路のようにして家具を配置すれば、伝い歩きやふらついたときの支えになります。

● 認知症ケアの一環として環境を整えることも大切にしよう

　一昔前までは生活空間でのリスクを考え、利用者の周りに何もない状態をつくり上げてしまっていました。介護職が危険をなくそうと物を置かないで広い空間をつくったことにより、つまずくことや物にぶつかる危険がないという安心をつくってしまう結果となってしまいました。それにより、足を上げなくても歩けるなど歩行に影響が出て転倒しやすくなり、介護職がついて回ることになってしまうなど、生活を営むことに支障が出てしまう結果にもなりました。

　介護職がついて回ることで利用者の意欲や注意力が低下する可能性もあります。転ばないようにと過剰に反応するのではなく、介護職の顔や姿が見えるようにして一緒に行動したり、転倒しやすい部分にかかわるようにします。そして、安心して動けるように支えとなる物を配置するなど**利用者の周りの環境をしっかり見直す**ことも認知症ケアでは大切です。

追われ妄想（追跡妄想）

不安や不快が強まり、「誰かに見られている」「常に誰かが追ってきている」と認識し恐怖を感じる状態です。

何もない空間よりは、家のような感じで物が置かれているほうが安心するし、いざというときの支えにもなるんだね！

歩行介助をすると怖がらせてしまうのはなぜ？

こう介助すれば転倒しないはず！

逆に歩きづらくて怖いな……

考えてみよう！ なぜ、歩行に対して怖がっているのかな？

　利用者のJさんはアルツハイマー型認知症がありますが、手引き歩行の介助があれば歩くことができます。しかし、介護職のBさんが手を引っ張るようにして介助していると、いつも数m歩いたところで急にその場に座り込もうとします。しばらくすると、歩行の介助をしようとするだけで怖がってしまいます。

Jさんは手引き歩行なら歩くことができるのに、どうして歩きづらそうなのかな？

Jさんのペースを考えないで歩いているから、恐怖を感じて歩きづらくなっているのかもしれないね。

確認しよう！　どこがダメなの？

チェック1　「連れていかれる」ようなスピードになっている！

「利用者に歩いてほしい」という介護職の気持ちが優先してしまっています。そのため、利用者の歩行するペースではなく、介護職に手（腕）を引っ張られて「連れていかれる状況」になっています。また、引っ張られることでつかまれているところに痛みなどを感じています。

チェック2　腰が後方に引けて歩かされている！

手（腕）を引っ張られると上半身だけが前傾になり、腰が後方に引け不安定な姿勢になります。また、利用者は恐怖を感じて、拒否感を覚えます。さらに、下肢に体重が乗らないことでふんばることができず、介助されていても倒れるのではないかと不安を感じます。

チェック3　歩行の記憶を薄れさせている！

利用者が怖がってしまうような介助を介護職がしてしまっていることで、利用者にとって歩行が不快になってしまい、「歩きたくない」という思いになっています。その不快から逃れようとして歩行することの記憶も薄れていき、より歩けなくなってしまう可能性があります。

> 介助によって歩きにくくさせてしまっていたんだね。
> 確かに、自分の歩行スピードでなければ、
> 恐怖を感じてしまうよね。

どうしたらいいの？ 　しっかりとした姿勢で歩行しよう

ポイント 1　利用者の歩くペースに合わせる

　利用者の歩くペース（意欲）に合わせます。利用者のペースに合った歩行であれば、手（腕）を引っ張ることなく介助することができます。介護職が連れていっているような介助をするのではなく、利用者が自分で歩いて向かっていると感じられるかかわりをしましょう。

ポイント 2　歩き出す前にできる限り腰を伸ばす

　まずは、歩き出す前に利用者に腰を伸ばしてしっかり立ってもらいます。歩行途中に腰が引けてきた際は、再度しっかりとした姿勢で立位をとってもらい利用者の認識にはたらきかけます。そのことで下肢に体重が乗り、ふんばることができ、安定しているという安心につながります。

ポイント 3　自分の足で歩くことに自信をもってもらう

　利用者が怖がってしまう原因は何か、また、何に不安や不快が生じているのか、介護職は検討することが大切です。その際、利用者の姿勢や疲労感を確認します。利用者に自分の足で歩くことに自信をもってもらうことが、歩行の記憶の維持にもつながります。

● 歩くことに自信をもってもらう介助にしよう

　本当に今のかかわりが利用者にとって「歩きやすいのか？」「恐怖を感じていないか？」を考えてみてください。

　利用者が「無理に歩かされている」「どこかに連れていかれる」などと感じてしまえば、そこには不安や不快しか残りません。その不安や不快から無意識に逃れようとするため、歩行の記憶や認識が薄れてしまったり、歩く意欲までなくしてしまったりします。

　歩行介助が必要なときは、利用者が安心できるように**歩くペース（意欲）に合わせて歩行し、目的に向かって自分の足で歩くことができるという自信につなげる**ようにしていきましょう。そのことが、潜在している動作の記憶を引き出し、歩行の記憶を思い出したり、利用者自身の歩く動作の記憶が維持されることになり、生活の安心につながっていきます。

その人にとって
適切な介護技術というのが、
認知症ケアには大事なことなんだね！

介助方法によっては、歩く意欲まで
奪ってしまう可能性があるから
気をつけよう。

9 血管性認知症のある人の歩行は支える?!

ここを持てば安定するだろう。

そんな引き上げないでほしい……

考えてみよう！ なぜ、ズボンをつかまれているのかな？

　脳梗塞（のうこうそく）の後遺症（こういしょう）で血管性認知症の症状がある利用者のKさんは、歩行時にふらついたり、膝（ひざ）が折れてしまうことがあります。そのため、介護職のAさんにズボンを後ろからつかまれ、お尻（しり）を引き上げられるような状態で介助をされています。Kさんはとても歩きづらそうで恐怖を感じてしまっています。

ズボンをつかまれたら歩きづらいよね。
ふらつきを防ぐには仕方ないのかな？

安全のための介助と思っているかもしれないけど、
歩行介助は本当にそれでいいのかな？

072

> 確認しよう！　どこがダメなの？

チェック 1　足に力が入りにくい状況になっている！

　介護職が利用者のズボンを引き上げていることで、腰が浮いてしまい、お尻が後ろに引けてしまっています。そのことで、姿勢が前に傾いてしまい、足に力が入りにくい状況になります。

チェック 2　自信の喪失につながってしまう！

　脳梗塞の後遺症による麻痺（まひ）でふらつきなどが出てしまうことがあります。しかし、「できること」と「できないこと」の自覚があるため、自分で歩けると認識しているときに不適切な介助をされると、歩けなくなったと感じて自信を喪失（そうしつ）してしまうかもしれません。

チェック 3　血圧の変動につながってしまう！

　利用者はズボンを持たれ、歩きづらさから恐怖を感じてしまいます。それに加えて、行動しづらくなることでイライラしてしまう可能性もあり、血圧の変動につながります。再度、脳梗塞を起こしてしまえば、行動・心理症状（BPSD）の進行にもつながってしまう可能性があります。

血管性認知症

　主に脳梗塞や脳出血などが原因で起こります。脳が損傷した場所によって症状が異なり、「できること」と「できないこと」が比較的はっきりと分かれていることが多く、麻痺などの神経症状などがみられます。

どうしたらいいの？ 不適切な介助を見直そう

ポイント 1　歩行のさまたげにならない位置でサポートする

　介護職が利用者のズボンを引き上げることで、利用者の腰が浮いてしまいます。そのことが余計に膝折れを引き起こしていると考えられます。介護職は利用者のズボンを引き上げるのではなく、歩行のさまたげにならないように、すぐに利用者をサポートできる位置にいることが大切です。

ポイント 2　できにくい部分のサポートに徹する

　脳梗塞の後遺症により麻痺などが出ていることを利用者が認識できていないこともあります。介護職はそれを意識し、麻痺側の手や肘を支えるようにしてバランス移動ができるようにかかわりましょう。誤ったからだの使い方で機能が低下しないように、できにくい部分のサポートに徹していくことが、本人の自信にもつながります。

ポイント 3　姿勢を正した状態での介助方法を考える

　血圧の変動によって行動・心理症状が出てしまうことも多いため、不適切な介助によって恐怖や不快、不安を与えないようにします。この場合、ズボンをつかむのではなく、姿勢を正した状態での介助方法を考えていきましょう。

血管性認知症の症状

　脳が損傷した場所により症状にムラがあることがあります。アルツハイマー型認知症と同じような症状に加え、身体的症状が出やすいという特徴があります。夜間せん妄や感情失禁などもみられます。

● 身体機能面にもしっかりと目を向けよう

　脳梗塞の後遺症により麻痺が残ると、生活に支障をきたすことがあります。また、血管性認知症の症状のなかには、意欲や自発性がなくなったり落ち込みやすくなること、感情の起伏が激しくなり、些細なきっかけで涙したり怒ってしまうことなどがあります。

　麻痺によってふらつきがあるときなどにズボンをつかむ介助は、利用者に行動のしづらさを感じさせてしまいます。これにより、利用者の意欲が低下したり、不快や不安を感じイライラさせてしまうので注意しましょう。

　誤ったからだの使い方をくり返していくと拘縮を起こしかねません。認知症ケアにおいて、**「認知機能面」だけを考えるのではなく「身体機能面」にもしっかりと目を向ける**ことが大切です。

手技ばかり目を向けていると、
利用者が不快や不安を感じていることに
気がつきにくくなってしまうんだね！

アルツハイマー型認知症と
同じような症状も出ることがあるので、
しっかりと既往歴を確認しよう！

⑩ 廃用症候群（生活不活発病）と認知症の進行予防のためにたくさん歩いてもらう⁈

考えてみよう！ なぜ、Mさんはいやいや歩いているのかな？

　介護職のBさんは前頭側頭型認知症のある利用者のMさんに、廃用症候群（生活不活発病）と認知症の進行予防として、たくさん歩いてもらうためにそばに付きっきりになっています。しかし時間もバラバラでMさんにとってはただ歩くだけになってしまっているため、姿勢はくずれてしまい不機嫌な表情をしています。

予防のためと言っているけど、Mさんのためになっていなさそうだよ。

歩く意味がわからない状態で、たくさん歩かされるのはつらいことだよね。

確認しよう！　どこがダメなの？

チェック 1　介護職本位の考えになっている！

介護職は廃用症候群や認知症の進行予防のためには歩くことがよいと考えていますが、時間もバラバラなうえにただ歩かせてしまっています。Ｍさん自身は何のために歩行しているのかわかっていないため、歩かされることに不快を感じています。

チェック 2　「たくさん歩くこと」が目的となっている！

この状態では、「たくさん歩くこと」が目的となってしまっています。歩くことの目的がはっきりしていれば、歩いた後の達成感にもつながるでしょう。しかし、歩くだけでは何で歩かなければならないのかとイライラがつのってしまっている可能性があります。

チェック 3　疲労だけが蓄積してしまう！

予防のためと一度にたくさん歩いても、目的もわからないうえに、疲労ばかりが蓄積していき、「やらされている」と感じてしまいます。どうせ歩かされるのだから今は歩かないと、自発性の低下を進めてしまうかもしれません。

前頭側頭型認知症

脳の前頭葉と側頭葉に萎縮がみられ、いろいろな症状が出てしまう認知症です。自分が思ったとおり行動ができないと感情（怒り）のコントロールがしにくくなることがあります。そのため、性格が変わっただけと思われがちです。発症が若年に多いことも特徴の一つです。

どうしたらいいの？ 達成感と安心感を大切にしよう

ポイント 1　達成感を味わえる目的をつくる

　利用者が目的をもって歩くことができるように介助しましょう。例えば、「11時に散歩に行く」というような目的をもったかかわりをしていきましょう。「目的」や「動機づけ」が行動のきっかけになり、その達成に向けて「歩く大切さ」を感じてもらうことができます。

ポイント 2　日常生活のなかでたくさん歩けるようにする

　日常生活のなかでたくさん歩けるようにしましょう。そのことが、自然と生活に必要な筋肉を使うこと、ADL（日常生活動作）が負担なくできていることの実感につながります。「自分でできる」と安心感と自信をもってもらうかかわりは、利用者の安定した感情にはたらきかけることになります。

ポイント 3　生活に目を向ける

　一度にたくさん歩くのではなく、利用者が「1日のなかでたくさん歩いた」という気持ちになるようにしましょう。食事の配膳・下膳や清掃などの役割をもってもらうようにすると、1日の生活のなかに歩行しながら動くという状況がつくられ、疲労感よりも達成感を得ることができます。

● 日常生活のなかで目的を達成しながら歩いてもらう

　歩くことが目的とならないように、歩行は「目的を達成するための手段の一つ」だと考えましょう。
　歩行が目的になってしまうと、ただ歩けばよいという勘違いが介護職に生じかねません。ただ歩くのではなく、日常生活のなかで目的を達成しながら歩くことが大切です。
　廃用症候群は動けば予防になると勘違いしがちですが、人は目的があるから行動をしているので、ただ歩くだけでは不快や不安を与えてしまいます。認知症のある人もなぜ歩くのかがわからなければ不安になったり、拒否したりすることは当然のことなのです。
　例えば、趣味がウォーキングで1日1時間歩くという人であれば、「1時間歩く」ことが目的となり、そのことが生活の一部となってくると思います。
　前頭側頭型認知症の場合、「決まった行動」ができることで安心につながることがあります。行動・心理症状（BPSD）が増幅している際は、原因の追究時に、利用者の決めている「時間」を知ることや、「いつも行っていること」ができているかなどを考えていきましょう。いつもと同じことができれば行動に伴う達成感と安心感が生じ、廃用症候群や認知症の症状の進行予防につながっていきます。

たくさん歩きたい場合は
「利用者の希望」だからいいと思うよ！
でも、そこにも何か目的があれば
「楽しく歩ける」かもしれないね。

はきやすいように、大きめの靴をはいてもらう?!

大きい靴だとやっぱり歩きづらいよ……

考えてみよう! なぜ、Nさんは大きい靴をはいているのかな?

　利用者のNさんは、時折足にむくみが出てしまいます。そのため、むくみが出たときにはきやすい大きい靴を、むくみがないときもはいてもらっています。むくみがないときは靴が脱げやすく、歩きにくそうにしていますが、介護職のBさんは歩けなくなってきたと思い介助をするようになっています。

大きめの靴は脱いだりはいたりしやすそうだけど、大きすぎると確かに歩きにくいよね?

立ったり歩いたりしにくい様子はないかな?
確認してみよう!

Part 2 移動・移乗

確認しよう！　どこがダメなの？

チェック 1　むくみがないときも大きい靴をはかせている！

　むくみがないときもむくみが出たときのことを考え、大きめのサイズの靴をはかせています。サイズが大きい靴をはくとかかとを擦るような歩き方になり、歩行姿勢もくずれてしまい、歩きにくさから不快さを感じて、歩行したくないという気持ちになってしまいます。

チェック 2　状態だけをとらえて介助している！

　靴のなかのゆとりがありすぎると、足のふんばりがききづらくなります。足がふわふわ浮いているような状態では無意識にからだが緊張してしまい、姿勢を不安定にさせます。しかし介護職は、歩行が不安定になった状態だけをとらえ、その原因を探していません。

チェック 3　足の痛みが生じている！

　サイズが大きい靴では靴の中で足が安定せず、地面をつかむようにして歩くことができにくくなります。そのため足の爪に影響が出て巻き爪になることもあります。巻き爪になると、その痛みから活動性の低下や不快が生じ、機能低下や認知症の進行にもつながってしまいます。

転倒する危険などを回避しようとしている

　むくみがあると、靴がはきにくいと感じ無理してはこうとすることで、深く前傾になり転倒や転落があると考えやすいです。
　また、むくみが軽減しても再度むくみが出たときのために、歩行のことには目が向けられず、はきやすさのみを考えて大きめの靴をはかせてしまっていることがあります。

081

どうしたらいいの？ その時々に合ったサイズの靴をはこう

ポイント 1　靴のサイズを評価する

　サイズが大きい靴をはくと、歩行の際にかかとが浮き上がり、靴が脱げやすくなります。利用者は靴が脱げないようにするために、足を上げないような歩行姿勢になることで、歩行の機能低下につながり、認知症の進行にも結びついてしまいます。靴のサイズを評価し、むくみがないときはサイズの合った靴をはくようにしましょう。

ポイント 2　歩きやすさを意識する

　サイズが合っていないということは、靴をはいた感覚でわかります。靴が大きいことで歩きにくければ、逆にストレスがふえた状態での生活になります。そうならないように、むくみが出たときのもの、出ていないときのもの、外出用のものなど、その場に合わせて歩きやすさを意識した靴を用意しましょう。

ポイント 3　自分に合った靴を選んでもらう

　認知症であっても利用者が自ら選んで靴をはくことはできます。はく靴を示しても認識できないと思うのではなく、どのような靴をはくとよいのかを伝え、サイズの合った靴をはいてもらうようにはたらきかけてみましょう。どの靴でもはいてしまうときは、その時々の靴を1つだけ用意しておくことで足への負担もなくなります。

大きすぎる靴で暮らすのがどのような感覚か、スリッパをはいて1日生活をしてみるといいかもね！

● はきやすさだけではなく歩きやすさにも意識をもっていこう

　大きい靴は脱ぎはきしやすいですが、自分の足に合っていないサイズの大きい靴をはくと、靴が脱げたり、かかとが浮き上がることで歩行姿勢がくずれます。誰(だれ)でもサイズの大きな靴では歩きづらくなりますが、認知症がある場合、歩行姿勢のくずれによる歩行機能の低下や歩きづらさによる不快などから活動意欲がとぼしくなり、認知症が進行することも考えられます。また、足先に負担がかかり爪を痛めてしまったりすることで活動性が低下することもあります。

　このように介護職は、足に合わない靴をはかせることが、認知症の症状の進行にも影響してしまうことを理解しておく必要があります。自分で選んではけるという利用者もいるため、選ぶという行為も大切になります。介護職はどのような靴をはくとよいのかを伝え、サイズの合った靴を利用者にはいてもらうようにしましょう。介助が必要な人には、しっかりと介護職がそのときの状況に合った靴を選び、介助してはいてもらうようにしていくなど、**はきやすさだけではなく「歩きやすさ」**にも意識をもちましょう。

利用者に選んではいてもらったりするなど、歩きやすさに意識をもつことが大切なんだね！

12 移乗介助のときに怖がらせてしまうのはなぜ？

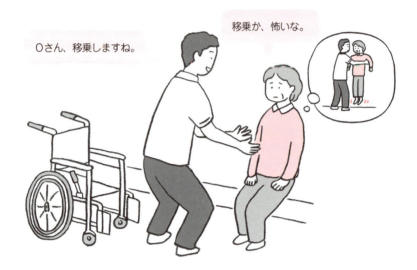

考えてみよう！ なぜ、Oさんは怖いと感じてしまうのかな？

　利用者のOさんは足に体重を移動させることはできますが、自分で立ち上がることは難しいので移乗介助が必要です。介護職のAさんは、毎回Oさんを持ち上げるような姿勢で移乗介助をしています。Aさんが声かけしながら移乗介助をしようとすると、Oさんはとても怖がった表情でおびえています。

安心してもらえるように声かけしているのに、なぜ怖がっているのかな？

声かけだけをしっかりしていても、移乗介助の方法はどうかな？　確認してみよう！

確認しよう！　どこがダメなの？

チェック1　物を動かすような行為になっている！

移乗介助の際に、利用者を持ち上げてしまうと、「足に体重移動できる」というOさんが維持している力を発揮することができません。「移乗」というよりは、物を動かすような行為となっています。

チェック2　恐怖を蓄積させている！

介護職はよい介助をしていると思っていても、移乗時に運ばれるように持ち上げられたり、動かされたりする感覚は恐怖心として利用者の感覚に残る可能性があります。また、物を動かすような対応は、尊厳も傷つけています。

チェック3　全介助が必要という認識になっている！

自分で立ち上がることが難しい利用者には全介助が必要であるとの間違った認識になっています。そのため、足に体重を移動させることができるという点には目が向けられていません。力まかせに持ち上げる介助では、利用者は足でふんばることができないため、恐怖心を高めることになります。

どうしたらいいの？ 利用者の力を発揮してもらう

ポイント 1 　声かけと介助の両方をしっかりする

　移乗の場面では、物を動かすような対応ではなく、ゆっくり丁寧にかかわることが利用者に安心を与える絶対条件になります。介助前の声かけと差が出ないように、直接からだに触れる技術でのかかわりもしっかりと対応していきましょう。

ポイント 2 　介護職1人だけでなく全員で対応を見直す

　介護職に1人でも不適切なかかわりがあれば、利用者の恐怖は蓄積されていきます。不適切なかかわりがみられる介護職から、丁寧に対応している介護職に交代すればすむという話ではありません。介護職全員で技術の根拠から見直し、利用者に統一した対応ができるように心がけていきましょう。

ポイント 3 　現有能力や潜在能力を適切に引き出す

　利用者の現有能力や潜在能力を適切に引き出していきましょう。Oさんの場合、足に体重移動ができるので、自分の足でふんばることができるようにからだを誘導していきましょう。自分でふんばれることで立てないわけではないという安心につながり、部分介助となることでお互いの負担も軽減します。

どんなにしっかりした声かけがあったとしても、介護技術が不適切であれば恐怖を与えてしまうんだね！

● 根拠のある介護技術のかかわりを大切にしよう

　移乗介助の際に、「きちんと移乗できるか」「落としてしまわないか」といった不安を介護職自身がもってしまうと、介護職自身の安心や安全に配慮（はいりょ）した介助になってしまいます。

　移乗介助だから、介護技術であって認知症ケアには関係がないと思う人もいるかもしれません。しかし、ここをしっかりと見直し、認知症ケアにおいて適切な介護技術が今後必要になってくると考えてほしいと思います。介護職の安心や安全といった介護職本位の視点ではなく、「利用者に恐怖を与えてしまっていないか」「不快や不安を与えてしまっていないか」を見直し、**根拠のある介護技術で利用者の不快や不安を軽減**する必要があります。その際には、介護職全員で見直し統一した対応をとらなければ意味がありません。そして、利用者のできる部分に目を向け、現有能力や潜在能力を引き出すことが大切であることを理解しましょう。

こんな対応をしていないかな？

　円背（えんぱい）のある利用者が移乗介助時に介護職をたたいているのを見かけたことがあります。介護職は"認知症だから"と原因を追究することなく、利用者が悪いと言っていました。利用者に聞いてみると、「持ち上げられると背中に激しい痛みを感じている」ことがわかりました。確かにたたかれているのは、「持ち上げて勢いよく移乗介助をしている」介護職だけでした。しかし、この介護職が対応を変えなかったために、その後ほとんどの介護職に手をあげるようになってしまいました。

　このように介護職の対応で、行動・心理症状（BPSD）を進めてしまうことがあります。どんな対応を利用者にしているか見つめ直してみるとよいかもしれません。

13 移乗介助の際は、ズボンを持つのが安全?!

考えてみよう！ なぜ、Pさんは痛いと言っているのかな？

　移乗介助が必要な利用者のPさん。介護職のAさんはPさんを落としてしまうのではないかという心配から、ズボンを力いっぱいつかんでいます。そして、そのつかんだズボンを引っ張り上げ移乗介助をすることで、ズボンはお尻に食い込みPさんは「痛い！　やめてくれ！」と大きな声を出し怒っています。

これだとPさんを介助しているというよりは相撲を取っているように見えるよね？

落とさないように必死になっているね。その他のことに意識をはたらかせる必要がないか考えてみよう！

Part 2　移動・移乗

確認しよう！　どこがダメなの？

チェック 1　落とさないためのことしか考えていない！

　移乗の介助をするときに利用者を落とさないためには、利用者のズボンを持つという方法をとりがちです。しかし、利用者は「物」ではありません。介護職が「楽」で「安全」と思っているかかわりが、利用者に苦痛や不快を与えてしまっています。

チェック 2　ふんばれない状況をつくっている！

　介護職が利用者のズボンをつかんで引っ張ることで利用者の腰やかかとが浮いてしまい、ふんばれない状況になります。そのことで全身の緊張が高まり、さらにはズボンがお尻に食い込んでしまっていることで臀部に痛みを与えています。

チェック 3　怒っていることに耳を傾けていない！

　「やめてくれ」など大きな声をあげられると、行動・心理症状（BPSD）の「暴言」だと決めつけてしまうことが多くあります。利用者が怒ったりしている原因が移乗介助にあることを考えていません。

移乗後、食い込んでしまっている衣類を元に戻すこともしていないことが多く、トイレに行くなどするまではずっと不快を感じて生活することになってしまうよ。

> **どうしたらいいの？**　利用者にとって安全・安心な移乗介助をしよう

ポイント 1　安全・安心な介助方法かどうかを見直す

　介護職にとって安全で、安心して介助できることは大切です。しかし、そのことが利用者にマイナスの影響となり、認知症の進行につながってしまっては意味がありません。利用者にとって安全・安心な介助になっているかを見直しましょう。

ポイント 2　立ち上がりの根拠を伝え負担を軽減する

　移乗するためには、一連の動きのなかで「立ち上がり」という動作が必要です。介護職は利用者に、そのような動きの流れを説明しておきましょう。介助が必要でも足でふんばりがきく体勢になれることで、利用者も安心につながり自分の力が発揮できるため負担の軽減にもなります。利用者の負担が軽減されることは、介護職の負担の軽減にもつながります。

ポイント 3　介護職同士で体験し、利用者の思いを知る

　認知症のある人であっても、怖いことやいやなことの感覚はあります。介護職は、利用者が怒っている原因が何なのかを知り、改善していくようにします。その際、ただ正しいやり方を覚えるだけでなく、ズボンを引っ張り上げられる移乗介助を介護職同士でやってみることで、利用者の思いにも気づくことができます。

介護職同士でやってみるときは、
介助されるほうは自分で立つなどの協力動作なしで、
介助側は遠慮しないでいつもどおりにやってみよう！

● 介護職の安全が利用者の安全とは限らないと考えよう

　ズボンを持って移乗することで、利用者はどのような気持ちになっているかを考えてください。介護職が安心だから、利用者も安心だとは限りません。逆に不快や不安が生じる可能性が高いです。さらに不適切な移乗介助では、利用者の潜在している力が発揮できていないために能力を奪い、機能低下にまでつなげてしまっています。

　"自分がいやなことを相手にしなければ介護はできる"という考えがあれば、ズボンを持って引っ張ったり、ズボンがお尻に食い込んだりするような介助はしないはずです。しかし、この考え自体が希薄になると「自分が」が優位になってしまい、結果的には「自分が安全なら……」という思考におちいります。

　不快に感じることは、人それぞれ違うのも確かです。ただし、手法や技法に走ってしまうと、利用者の姿が見えなくなり介護職本位になりがちです。そのため、しっかりと**根拠を押さえた技術の習得**が必要になります。そして、**利用者に潜在している力をいかし**、部分介助でのかかわりにより負担軽減に努めることが重要です。遠慮や認知症の進行により言葉で不快感を伝えられる利用者ばかりではないからこそ、この点の配慮が必要になります。利用者の負担が軽減されるからこそ、介護職も負担軽減できる、そのことで利用者の不快や不安の軽減につながるということを理解しましょう。

> 介護職の安全だけで考えてはいけないね。
> 利用者の負担の軽減につながるかかわりが
> 大切なんだね！

14 移乗介助の際は勢いをつける?!

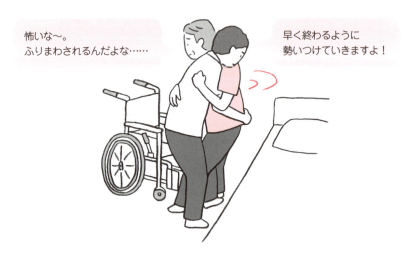

怖いな〜。
ふりまわされるんだよな……

早く終わるように
勢いつけていきますよ！

考えてみよう！ なぜ、Qさんは勢いよく介助されているのかな？

　アルツハイマー型認知症と血管性認知症を混合した認知症のある利用者Qさん。左半身に麻痺があり、左上肢には拘縮傾向がみられます。そのため、介護職のAさんが介助しようとするとQさんの全身に力が入っています。少しでも負担を減らすために、Aさんは声かけをしながら、麻痺側の腕を無理に開いてわきの下からしっかりかかえ込み、早く終わるように勢いよく移乗介助をしています。

勢いよくすれば早く介助も終わってよさそうだよね？

勢いよく移乗することのリスクを考えているかな？
確認してみよう！

> 確認しよう！　どこがダメなの？

チェック 1　早く移乗できれば安心と思っている！

　利用者に少しでも負担がないように、介護職はしっかりと利用者をかかえ込み、勢いをつけて移乗介助しています。勢いよくすることで移乗が早く終われば利用者は安心でき、介護職も安心できると間違った解釈をしています。

チェック 2　恐怖を感じるだけの声かけになっている！

　移乗介助をしようとすると、利用者は全身に力が入っています。介護職は利用者の緊張をやわらげようと声をかけているものの、介助の方法に見直すべきところがあるとは思っていません。そのため利用者にとってはさらに恐怖を感じるだけの声かけになってしまいます。

チェック 3　無理に痛みをつくり、進行の要因を与えている！

　麻痺側を無理に開いてしまうことで、感覚を感じにくいはずの麻痺側にまで痛みを感じさせてしまったり、拘縮を進行させてしまっている可能性があります。また、勢いで不安を増幅させたり血圧を変動させてしまうと、脳梗塞のリスクや認知症の進行にもつながってしまいます。

> どうしたらいいの？　できにくくなっている部分を介助しよう

ポイント1　1人だけで無理をしないようにする

　移乗時の負担を少しでも減らすためには、1人で無理に移乗介助を行うのではなく、2人での介助や福祉用具の活用も考えましょう。認知症の症状もあるので、利用者に精神的な恐怖と身体的な負担を与えないことが大切です。

ポイント2　声かけの前に根本を見直す

　介助時、一度感じた恐怖（不快・不安）はその後も記憶として残ります。常にこの移乗介助の方法がくり返されると、どのような声かけがあっても、利用者にとっては以前の記憶から逆に身構えてしまいます。声かけをするときから安心してもらうためには、移乗方法からしっかりと見直す必要があります。

ポイント3　できにくくなっている部分を介助する

　麻痺側を無理に開き、わきの下に手を入れることはやめましょう。このときも、足でふんばることができるのであれば利用者の力を発揮してもらえるようにします。しっかりとかかえ込むのではなく、できにくくなっている部分を介助することで、安心につながります。

● 原因疾患を確認して対応するようにしよう

　認知症の原因疾患は一つだけとは限りません。そのために、**心身の状況に応じた介護**が必要になります。介護を必要とする人の割合としては、脳梗塞の既往がある人が多い現状があります。脳梗塞を起こし認知症を発症しても、生活に支障をきたしていない人もいますが、アルツハイマー型認知症と脳梗塞の後遺症からの血管性認知症をあわせもつ人もいます。この場合、介護職はアルツハイマー型認知症の症状への対応ばかりに目がいっているように感じます。移乗介助では血圧変動が起こりやすいため、勢いよく介助しないように十分な注意が必要になります。

　既往歴に「認知症」とだけ記載されているときには、脳梗塞の有無を確認し、**認知症＝アルツハイマー型認知症と決めつけた対応にならないようにしましょう。**

　症状が進行してしまい、「寝たきり」といわれる状況になってしまうと介護技術によるかかわりが増えていきます。その結果、これ以上認知症は進行しないと思い込み認知症へのかかわりがなくなっているように感じます。寝たきりや認知症の症状が重度といわれる状況だから「これ以上進行しない」ということはありません。今までよりさらにわかりづらく、できにくくなるため、不快や不安の感じ方が大きくなっていることを忘れないようにして、移乗介助を行いましょう。

> 認知症は、アルツハイマー型認知症だけではないことをもう一度確認しておくとよいね。

Part 3
食事

食事がすすまないのは おなかがすいていないから？

>考えてみよう！　なぜ、Ｃさんは食べようとしないのかな？

　食事の時間なのに利用者のＣさんは食べようとしません。時間が経つにつれて、早く食べてもらわないと片づけられないという思いから、介護職のＢさんは「食事の時間なので食べてください」などと声かけをして促しています。しかし、Ｃさんは食べようとしないため、Ｂさんがさらに促し、「おなかがすいていないのですか？」と言われたＣさんは怒った表情で「食べない」と言っています。

食べようとしないのは、おなかがすいていないからだと思ったけど……違うのかな？

食べようとしないのにさらにすすめてしまっているね。ほかの理由はないか確認してみよう！

> 確認しよう！　どこがダメなの？

チェック 1　おなかがすく環境になっていない！

　介護施設では、決まった時間に食事が出てきます。食事と食事の合間には定期的に水分をすすめられますし、おやつの時間も設けられています。からだを動かす機会が少ない1日の生活のなかで、利用者は「飲んでいるか、食べているか」になっているため、食事の時間がきても消化できていない可能性があります。

チェック 2　食べてもらうことだけを考えている！

　介護職は利用者に食事の時間を認識してもらうために、1日3食きちんと時間どおりに食べてもらわなければいけないと考えています。そのことで、利用者は食事に対して不快さを感じている可能性があり、3食食べることや食事の時間がつらいものだという認識につながっていることが考えられます。

チェック 3　食べない理由を決めつけている！

　介護職は、利用者が食べない理由を、食事の時間がわからなくなっていたり、おなかがすいていなかったりするためだと決めつけてしまっています。食事をしない理由を限定的に考え、決めつけた声かけをしていることから、利用者は「怒られている」と感じているかもしれません。

どうしたらいいの？ 食事がすすむような生活環境にしよう

ポイント 1　生活のなかでからだや脳を使った動きを意識する

　食べ物が消化される前に水分や食事の摂取（せっしゅ）がくり返されたり、活動性が低い生活をしていると、消化されていない食べ物が体内に蓄積されていきます。水分や食事の摂取も大切ですが、食べた物が消化できるようにからだや脳を使った動きを伴った生活を送れるようにしていくとよいでしょう。

ポイント 2　食事の時間をずらしたり、負担のない声かけをする

　介護職の業務の都合で食事をすすめるのはやめましょう。「今は」食べたくないと思っている人に「食べてください」「残さないでください」といった声かけは苦痛を与えます。食事がすすまないときは、食事の時間をずらしたり、「無理しないで大丈夫ですよ！」などの声かけをして、精神的な負担を減らすようにかかわりましょう。

ポイント 3　見えないストレスが何かを探す

　睡眠や排便状況などさまざまな原因により食べたくない気持ちが高まっていたりします。利用者が「見えないストレス」を感じていないかを知り、その原因が解消できるようにかかわっていきます。例えば、便秘が続いている場合、スムーズな排便につながるように看護師などに相談することも大切になります。また、食事が楽しくなるように、ファミレスのような環境をつくっていくことも大切です。

薬を内服している人であれば、薬内容と食事を抜いても問題ないかを主治医に確認しよう！

● 押しつけにならないように、気持ちを楽にして食事をしてもらおう

　業務を優先し、利用者の心理に目を向けず「食べてください」などと促すのは、介護職の押しつけになってしまっている可能性があります。押しつけによりいやな思いをしたと認識してしまうことで利用者は不安になり、食事が喉を通らないこともあります。

　利用者はその不快をやわらげようと、食べないだけではなく、不快から逃れようとすることで食事をとるという記憶そのものを薄れさせてしまうこともあります。「食べない」ことを問題視するのではなく、食べたくない、食べられないと感じている原因に目を向けることが大切です。押しつけられたと感じることなく、「残しても大丈夫」という安心感がもてると、利用者も気持ちが楽になります。

　さらに、本来食事は利用者にとって「楽しみ」でもあるはずです。食堂が静まりかえっていたり、逆に介護職があわただしく走り回っている足音やテレビの音だけが響き渡っていたりしたのでは、食欲もわいてきません。音楽を流したり、利用者同士で会話を楽しむことができる環境をつくっていくこともケアの一環になります。

食べるということ

　"食べる"は、「食べ物を認知する→食べたい・食べられると思う→食べ物を口に運ぶ→咀嚼する→飲み込む」といった動作の連続で成り立っています。この動作の流れを理解しておくことで、支障が出てしまっている原因がどこにあるかを探る目安になります。

「残しても大丈夫」と思えれば、気持ちが楽になり、食事を楽しめるね！

2 食べ物以外を口にしないように、周りの物は片づける?!

> 考えてみよう！　なぜ、周りの物が片づけられているのかな？

　利用者のDさんが食べ物でないものを食べ物と認識してしまい口に入れてしまったので、介護職のAさんはテーブルの周りに何も置かれていない環境をつくりました。

　Dさんは、周りの物が片づけられ何もないことでボーっとしている時間が長くなっています。一方でリスクがなくなったと思い、AさんはDさんに目を向けることなく業務をこなしています。

間違って口にしないように周りの物を片づけることはよさそうだけど……

片づけることで予防になっているのかな？　いろいろなものが目の前から消えるのってどんな思いだろう？

確認しよう！　どこがダメなの？

チェック 1　物をなくすことで不安にさせている！

　食べ物以外を口にしないように、利用者の視界に入る物を手が届かないところに片づけています。いわゆる異食の予防かもしれませんが、目の前から物がなくなっていくことで、利用者は「物がなくなる」という不安を感じてしまいます。

チェック 2　常に食べ物以外を口にすると思っている！

　目の前の物をすべて口にしたり、常に口にしているわけではありません。食べ物の記憶と認識のズレが生じてしまっていることで、利用者は「食べ物」と認識し口にしています。そのことをきびしく注意したり、取り上げてしまうことは利用者に不快を与えることになります。

チェック 3　活動性を低下させている！

　何もない空間にすることで、利用者は刺激がなくボーっと過ごすようになり、利用者自ら行動することもなくなります。介護職の安心のために利用者の生活内での刺激を奪ってしまうことは、活動性の低下を招き身体機能、脳機能を低下させ、さらには認知症の症状を進行させてしまいます。

> **異食**
> 　食べ物ではないものを食べ物と認識して口に入れてしまうことです。行動・心理症状（BPSD）の一つで、特に認知症の中期以降にみられるといわれています。

どうしたらいいの？ 記憶と認識の「ズレ」を知る

ポイント 1　食べ物ではないことを認識できる情報を増やす

　利用者は食べ物と認識しているので、「口にした物を何と認識したのか」を考えましょう。文字が理解できるのであれば、目の前から消すのではなく、「これは食べ物ではありません」や「○○ではありません」など、視覚から得られる情報を増やして、記憶と認識にはたらきかけていくことが大切です。

ポイント 2　口の中で起きている不快について考える

　食べ物以外を口にすると介護職はかき出そうと口の中に無理やり指を入れたりします。そのことで、利用者は「奪われる」「痛い」といった不安や不快を覚えます。「何と思って口にしたのか」を想像し、口の中で認識と違うことから起きている不快についてアプローチをしていきましょう。

ポイント 3　集中して取り組めることを考える

　利用者が何を口にすることが多いのか、どの時間帯に口にしてしまうことが多いのかを知りましょう。そして、口にしている物以外を片づけなくてもすむ環境をつくりましょう。例えば、何か趣味などの活動ができる空間をつくると、利用者もそこに集中しやすくなります。ただし、集中できる時間がどのくらいか把握しておく必要があります。

● 目の前にあるものが何に見えているのかを知ろう

　認知症のある人に一度でも異食行為がみられると「認知症だから食べ物なのかどうか判断ができない」と決めつけてしまいがちですが、それは本当に安易な考え方です。偏見をもった考え方をする前に、例えば次のことを考えてみてください。
・テーブルやいすを口にしていますか
・電気ポットや卓上ポットそのものを飲もうとしていますか
・花瓶を食べようとしていますか
・ティッシュペーパーの箱を口にしていますか

　これらは食べ物ではないと認識でき、口にすることはないと思います。例えば、花瓶は食べませんが、花瓶の花や葉っぱは口にしてしまうことがあるとします。これは緑色の葉っぱが野菜に見えたりしていると考えられます。

　認知症の行動・心理症状（BPSD）で異食をするわけではないのです。何でも口にしてしまうと決めつけるのではなく、記憶と認識のズレによって、**目の前の物が何に見えてしまっているのかを知り**、どこがわかりにくくなっているのか段階をふんだかかわりをもつ必要があります。

 何に見えているのか知ろうとしたことはあるかな?

　例えば、ビー玉は何に見えますか？　利用者には「飴」に見えていれば本当の「飴」を用意して、「こちらのほうが甘いですよ」などの声かけをしてみてはどうでしょうか。利用者が認識できるように、情報を与えながら段階をふんでいくことが大切です。

利用者にとって何に見えるか知ろうとしなかったなあ。
そこから理解していくことが大切なんだね！

食事を残すのは体調が悪いから？

考えてみよう！ なぜ、Eさんは食事を残しているのかな？

　利用者のEさんは、「もう終わり」と自己判断で食事を終えています。食事量を確認しに来た介護職のAさんは食事が残っていることを指摘しています。さらに、体調不良のために食事を残していると思い込み、Eさんの体調を確認しようとしていますが、Eさんは不快な表情で話を聞こうとしていません。

　食事を残しているのは、どこか体調がよくないからかな？

　食事を残すのは体調不良以外に何らかの原因があるのかもしれないよ。確認しよう！

確認しよう！　どこがダメなの？

チェック 1　残すことを問題にしている！

　問題なのは、利用者が残すことではなく、介護職が残す理由を知ろうとしないことです。残す原因を知ろうとしないまま、残すことを指摘するような声かけをすることは、利用者に対して「残してはいけない」というストレスを与えてしまうことになります。

チェック 2　残した物、残し方などに目を向けていない！

　食事を残していることにばかり目を向けて、何をどのくらい、どこに残しているのかなどの情報には目を向けていません。また、残す理由を「体調不良」と決めつけてしまうと、不快を感じていることなどに気づくことができないだけではなく、対応次第ではさらなる不快を与えてしまいます。

チェック 3　姿勢にも問題がある！

　食事を残さず食べればよいわけではありません。食べている姿勢に無理があり、それに伴って苦痛を感じているのであれば、その苦痛を何とかしたくて早く食事を終わらせている可能性があります。

残すことにばかり目を向けていると、残す原因や、何を残しているのか見えなくなってしまうよ。

どうしたらいいの? 食事の残し方や姿勢にも目を向けよう

ポイント 1　その日の健康状態を把握しておく

食事量だけですぐに体調を判断したり、「残してはいけない」というストレスを与えたりしてはいけません。「残しても大丈夫」と思えるようになれば精神的な不快感は軽減されます。あらかじめその日の健康状態を把握(はあく)し、例えば便秘でおなかが苦しいなど残している原因を考えていくことが必要になります。

ポイント 2　どの位置まで認識できているかを把握する

空間の失認によって、「皿の中のいつも同じ場所」に食事が残っているかもしれません。この場合、認識できる範囲の食事は食べられています。利用者は全部食べたと認識しているため、残していることを単純に指摘するのは不適切になります。どの位置まで認識できているのかを把握し、配膳位置(はいぜんいち)などを工夫することが必要です。

ポイント 3　食事時の座位姿勢を確認する

食事の姿勢に不快があるとしたら、つらくて食べられないと感じている可能性もあります。自分で姿勢を直せない利用者であればなおさらです。食べることだけに意識を向けず、食事時の座位姿勢(ざいしせい)などの身体的な状態を確認しましょう。

失認

視覚・聴覚・触覚・味覚などで目の前の状況を把握することが難しくなることです。空間失認とは、視覚で「特定の場所」が認知できない状況です。血管性認知症のある人で、右脳に損傷があることにより「左半側空間無視(ひだりはんそくくうかんむし)」という症状もあるため配膳位置に気をつけるようにしましょう。

● さまざまな角度から情報を集めるようにしよう

　私たちも食事を残すことはあります。1日の生活のなかで食事を残していることがあっても、それほど問題にはならないでしょう。しかし、利用者に対しては敏感になり、かえってそれが利用者を不快にさせてしまうことにもなります。

　確かに残してしまう理由として、体調が悪い可能性もありますが、その要因だけでなくいろいろな要素を考えなければなりません。利用者自身で気持ちを表現できる人であれば、その言葉に耳を傾ければ情報を得られますが、伝えることが難しい人であれば**さまざまな角度から情報を集めかかわる**ことが必要です。

　情報を集めていくなかでは、睡眠不足や便秘などの身体的・体調的な変化だけではなく、空間失認や見えにくい色があることなど認知症に伴う症状もふまえ、**根拠立てをして推測できるように**していきましょう。それにより、どこに不快や不安の原因があるのか、どのようにかかわればその不快や不安が少しでも軽減できるのかを知るきっかけになっていくはずです。

 残したものをもう一度確認したことはあるかな？

　認知症の症状により空間失認がある場合は、認識しづらい部分があるために食べきれていないことがあります。その他にも、白米を残している場合は、白い物が見えにくい可能性もあるので、茶碗を色付きの物にするなど工夫をしていく必要があります。
　また、利用者の苦手なものを食べさせてしまっていることもあります。不安を与えないように、嗜好も把握しておくようにしましょう。

さまざまな情報を得てかかわることが大切なんだね！

4 とろみ食にしても食べてもらえない……

考えてみよう！　なぜ、Fさんは口を開けてくれないのかな？

　食事の際に「むせ込み」が出てきたので、介護職のBさんは誤嚥を心配して食事形態をとろみ食に変更しています。

　利用者のFさんには食事前に、誤嚥性肺炎のリスクと食事形態を変更する旨を説明し同意を得ましたが、配膳しても怒った表情で口を開けてくれません。Bさんは、見た目は変わっても食材は同じものを使っていると伝えながら、立ったまま食事介助をしています。

食事形態を変更することは伝えたみたいだよね。
なぜ怒った表情をしているのかな？

Fさんが思っていた食事とかけ離れた形態だったのかもしれないね。

> 確認しよう！　どこがダメなの？

チェック 1　すぐに食事形態を変更している！

「むせ込み」の原因が認知症にあると考え、すぐに飲み込みやすい食事形態に変更しがちです。むせ込みの原因を認知症以外にある可能性を検討しないことで、利用者は食事形態を見て不快を感じています。

チェック 2　立ったまま食事介助している！

介護職が立ったままで食事介助を行ったのでは、利用者のあごが上がった状態で飲み込むことになり、むせやすくなってしまいます。ふだんから立ったままで行っていれば、むせてしまい苦しいという認識が残っていて、食べようとしなくなっている可能性があります。

チェック 3　食欲の低下のきっかけになっている！

命にかかわる可能性もあるので、食事形態を変えるのも大切なことではあります。しかし、利用者自身にむせや誤嚥の認識が薄いなか、突然目の前の食事形態が変わることは、食欲の低下のきっかけになります。見た目も大切にしなければ、"食べない"ではなく、"食べたくない"という気持ちをつくってしまうことになります。

どうしたらいいの？ 食事形態の変更は最終的なものとして考えよう

ポイント 1　生活のなかでの様子にも原因がないかを考える

　食事形態の変更をすることが先決なのではありません。例えば生活のなかで会話が少なくなっていないか、義歯が合わなくなっていないかなど、むせ込みに関してほかに考えられる原因がないか検討し、そこから対応していくことが大切です。

ポイント 2　安心して食べられる位置で介助する

　とろみ食などに食事形態を変更しても、立ったまま介助していてはむせやすくなり、不快感は蓄積されていきます。介護職も利用者の隣(となり)に座って、安心して食べられる位置で介助する必要があります。

ポイント 3　見た目を考えた食事にする

　人は視覚から食べ物の情報を得ています。"食事形態を変えても大丈夫""食べたら一緒"ではなく、利用者が「目で見て記憶をたどり食事だと認識できる」ようなかかわりが大切です（「**食べるということ**」(p.101)）。とろみ食などになってしまう場合は、味はもちろん、色合いや食器など配膳に工夫をしていくことも考えなければなりません。

エプロンは常に使うもの？

　むせ込んだり、食べこぼしがあるとすぐにエプロンを使います。
　しかし、エプロンをして食べさせられていることに利用者はどのように感じるでしょうか？
　すぐにエプロンを使うのではなく、1回の介助量が適切なのか、しっかりと飲み込んだのかを確認しエプロンがなくても大丈夫なようにすることで尊厳(そんげん)を守ることにもつながると思います。

● 食事と認識できるかどうかを考え、食欲へのかかわりを大切にしよう

　前日までは通常の食事形態だったのに、突然原形がない食事が目の前に出されたらどのような思いになるでしょうか？

　「今日は何だろう？」「お肉かな？　お魚かな？」と楽しみとなっていたことが、実際に目の前の食事を見たら「これは何だろう？」となってしまうかもしれません。

　誤嚥などのリスクにばかり目がいってしまうことで、食事形態を変えればよいという単純な発想になってしまいます。リスクを考えることは大切ですが、食べなくなってしまってからあわてるのはおかしなことです。目の前のことのみで利用者へのかかわりを勝手に判断しないで、ほかの原因についてもしっかりと検討しましょう。

　そして、主治医の指示などによってとろみ食などにしなければいけないときは、利用者がその食事形態に関して**食事と認識できるかどうかを考え**、色合いや食器など配膳に工夫をし、**食欲につながるかかわりをしていく**ことが大切です。

見直さなければならないのは
食事形態だけではないってことだね！

歯みがきもみんなと一緒に食堂で?!

> 考えてみよう！　なぜ、食堂で歯みがきをしているのかな？

　一つのテーブルでは食事が終わっています。利用者のＧさんは自分で歩いて洗面所に行くことができるのに、時間を短縮するためにわざわざ介護職のＢさんが口腔セットをテーブルに持っていき、その場で歯みがきの介助までしています。

　その場で歯みがきをしているＧさんたちだけでなく、まだ食事をしている周りの利用者も不快な表情をしています。

洗面所があっても食堂で歯みがきをするものなのかな？

本来は食事をする場所なのに、みんなが集まっていることを利用して歯みがきをしていないかな？　確認してみよう！

Part 3　食事

確認しよう！　どこがダメなの？

チェック1　場所の認識をしづらくさせている！

　歯みがきは、洗面所などの水廻り(みずまわ)で、食事をする場所から少し離れていたり、見えにくいところで行うものです。食堂での歯みがきは、日常生活からかけ離れた行為のため、利用者にとっては食事をするところなのか、歯みがきをするところなのかという場所の認識をしづらくさせてしまっている可能性があります。

チェック2　周囲への配慮ができていない！

　一つのテーブルでは食事が終わっていても、周囲にはお茶を飲んでいたり、まだ食事がすんでいない人がいる場合もあります。介護職はその小集団だけを見てかかわっているため、歯みがきをしている利用者も視線を感じて不快になるだけでなく、周りの利用者にまで不快感を与えていることになります。

チェック3　時間を省くところを間違えている！

　Gさんは自分で歩いて洗面所に行くことができるのに、その場ですませています。

　洗面所へ移動してもらうことにしっかりとかかわらなければならないのに、食事後に随時(ずいじ)移動してもらうよりはみんなで行うことで介護職は時間と手間を省こうとしています。

> 食堂で行ってしまうことで不快を感じ、歯みがきをすることがいやになったり、周りの利用者は食事をすることがいやになってしまう可能性もあるよ！

115

どうしたらいいの？ 一人ひとりの生活として考えよう

ポイント1　生活の場所を認識してもらう

まずは、一般常識を考えなければなりません。その常識のなかで物事を考え、認知症だから場所の認識もわかりづらくなっているからではなく、それぞれの生活の場所が認識できやすいように洗面所に移動することが大切です。

ポイント2　一人ひとりの生活として考える

集団生活は、同じ場所で生活を送ることであって、「全員で同じことをする」ことではありません。一人ひとりの生活として考えるようにしましょう。

同じ場所で生活している人がいることを考えたうえで、自分で歯みがきができる人から洗面所に移動してもらうようにしましょう。

ポイント3　移動しやすい環境をつくる

食事を終えた人から歯みがきができるように、自由に洗面所に移動しやすい環境をつくっていきましょう。そのためには、立ち上がりと歩行がしっかりできるようにかかわっていく必要があります。介護職の都合で時間と手間を省かず、しっかりとかかわるようにしましょう。

● 常識ある生活を送ってもらうようにしよう

　歯みがきは洗面所で行うのが一般的なのに、みんなで食堂で歯みがきをしようとしています。

　その理由としては、「洗面所へ誘導するのに時間がかかる」「移動中に転倒されたら困る」「一度にすますことができる」「洗面所が混むから時間がもったいない」などといったことが考えられます。しかし、これらは介護職側の都合を優先した考え方です。介護職側の都合を優先してしまうことで、利用者にとって「食堂で歯みがきをする」という日常ではしない生活をさせていることに意識がいかなくなってしまいます。

　"日常的な生活を送ってもらう" といいながらも、目の前のことへの対応ばかりに目を向けていると、利用者にとっては管理された生活に感じてしまいます。そこには尊厳などありません。これらは、利用者に不快や不安を与えることが多く、認知症の進行につながる可能性があります。利用者の動線を考えた食事の席にしたり、食堂内を移動しやすいように通路が確保されているなどの環境にすることも生活を営むためには必要になります。

介護職が全体の効率アップを優先すると、管理された生活になってしまうことを知ることが大切なんだね！

Part 4

排泄

1 定時誘導はダメなの？

時間なので行きましょうね。

今は行きたくない。なんで連れていくんだ。

考えてみよう！ なぜ、決まった時間にトイレに誘導されているのかな？

　介護職のAさんは1日数回、決まった時間に利用者のCさんのトイレ誘導をしています。Cさんは「今は行きたくない」と言っていますが、Aさんは排泄の感覚がわからなくなっていると考え、「時間なので」と無理に連れていっています。一方、Cさんがトイレに行くためAさんを呼ぼうとすると、「さっき行ったばかりです」「まだ時間ではないので」と止められ、我慢させられてしまいます。

決まった時間にトイレに行けば安心だと思うけど……

Cさんはトイレに行きたくないのに誘導されているよね。精神的ストレスを与えていないかな？　確認してみよう！

確認しよう！　どこがダメなの？

チェック 1　決まった時間を優先している！

利用者がトイレに行きたくないのは、認知症が原因で排泄の感覚がわからなくなっているためだと介護職は考えています。そのため、Ｃさんの言っていることは聞こうとせずに、介護職の都合を優先し定時誘導をしています。

チェック 2　行きたくないのに無理に連れていっている！

介護職が排泄時間を管理し、行きたくない人を無理にトイレに連れていっています。これでは、排泄自体に不快や不安を与えてしまい、その不快や不安から逃れようとして排泄への認識がしづらくなる可能性が高まります。

チェック 3　行きたいときには「待った」をかけている！

自らトイレに行きたいと思っているときに介護職を呼んでも、「時間ではない」「さっき行ったから」という理由で自由にトイレに行けない環境になっています。間に合わなかったときの不安、行けないことへの不快など、心理的ストレスが大きくなり認知症の進行原因となってしまっています。

一度排泄が間に合わないとすぐにパッドをつけることもあるけど、それは尿意や便意をわかりにくくしてしまうことにつながったりもするんだよ。

どうしたらいいの？ 「定時誘導」が当たり前ではないと気づこう

ポイント 1　時間を管理せずいつでも行けるようにする

　業務の都合や認知症であることを理由に定時誘導を当たり前の対応にしないでください。排泄パターンが似ている人もいるかもしれませんが、全員が同じではありません。排泄時間を管理することで利用者は不快や不安を強く感じてしまい、それが認知症の進行に影響を与えることがあります。トイレは、いつでも行けるようにしましょう。

ポイント 2　利用者の気持ちにそったかかわりをする

　利用者の気持ちにそったかかわりができるようにしましょう。1日のなかで「その人」の変化を何らかのアクションから気づくことができれば、定時に無理に連れていくことはなくなり、その時々の対応で不快や不安を軽減していくことになります。例えば、落ち着きがなくなっていたり、表情やしぐさなどに変化がないか観察しましょう。

ポイント 3　排泄のあり方を認識し直す

　トイレに行けないと、「漏れたらどうしよう」「迷惑をかけてしまう」と不安が強くなります。また、行きたいのに行かせてもらえないことにも不快を感じます。介護職がコントロールするのではなく、排泄のあり方は「私たちと同じ」と認識し直すようにしましょう。

便秘の場合、下剤による排便コントロールは時間をしっかりと見て、トイレに行くようにすることが大切だよ！

● トイレに行くのも生活の一部として考えよう

　利用者がいつも決まった時間にトイレに連れていかれたり、行きたいときには連れていってもらえない生活に疑問を感じないでしょうか？　毎日、皆同じ時間に同じタイミングで排尿、排便があるわけではありません。食事、水分の摂取量（せっしゅりょう）で違いがありますし、その日の体調によっても変わってきます。排泄の感覚がわからなくなっていると考える前に、その時々の対応を考えていく必要があります。

　また、行きたいのに間に合わなかったときに周りの人に迷惑をかけてしまうと失敗の感覚が残ります。そして、失敗に伴うはずかしさや自尊心の低下から、排泄への認識自体をおおい隠すことになりかねません。

　定時誘導という形で自然現象を管理し、利用者に不快や不安を与えるのではなく、**「いつでも行ける」と安心してもらえるように**かかわっていきましょう。

トイレに無理やり連れていったり、我慢させてしまう結果、認知症の症状を進行させてしまうことになるんだね！

② おむつ交換したいのに、足を広げてもらえない……

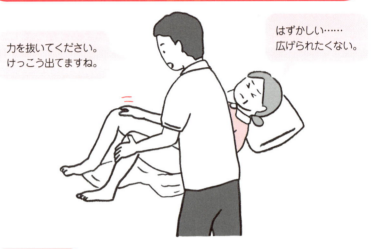

考えてみよう！ なぜ、足を開いてもらえないのかな？

　全介助である利用者のDさんは、ベッド上でおむつ交換を行います。陰部を清潔にしようと、介護職のAさんは必死に足を開こうとしています。しかし、Dさんは足を開かず、表情はすごく苦しそうで痛がっているように見えます。Aさんは、その表情に気づかず、足を開くことに必死になっています。

Dさんは痛そうにしているね。

Aさんは足を開くことに必死で、Dさんが痛そうな表情になっていることには気がつけていないけどいいのかな？

Part 4 排泄

> 確認しよう！　どこがダメなの？

チェック 1　排泄介助に不快があると思っていない！

介護職は、利用者が何をされるかわからず混乱しているから足を開くことを拒否していると思い込んでいます。排泄にははずかしさが伴うものであり、足を開かされること自体に不快を感じていることに気づけていません。

チェック 2　羞恥心への配慮が欠けている！

清潔を保つことばかりに目が行き、羞恥心への配慮が欠けてしまっています。本来、同性介助が望ましいですが、異性介助もあるかもしれません。そのなかで、無理に足を開こうとしてしまっています。いやな思いを感じてしまえば、誰でも必死に抵抗するはずです。

チェック 3　力ずくでの対応になっている！

臥床姿勢や体位変換、ポジショニングを適切に提供できていないことで、筋緊張や拘縮が引き起こされます（「**筋緊張・拘縮**」(p.43)）。そのような状況に気づくことなく、力ずくで対応すれば、痛みを与えてしまい、恐怖を感じさせる可能性が高まります。

筋緊張や拘縮している部分を無理に動かすと痛みを与えてしまうよ。

125

> どうしたらいいの？　かかわり方、技術を見直そう

ポイント 1　拒否をする原因を考える

　他人に足を広げられることは非日常的であり、デリケートな行為です。「何をされるかわからないから拒否する」のではなく「何をされるかがわかっているから拒否する」のではないでしょうか。介護職は排泄介助を作業として必死にこなすのではなく、利用者や周囲の状況に目を向け、適切に声をかけることが大切です。

ポイント 2　「誰のため、何のため」なのかを伝える

　羞恥心への配慮を忘れてはいけません。簡単な声かけ後にズボンを脱がし足を広げることは絶対にやめましょう。認知症のある人だから何もわからない、ということはありません。おむつ交換の際は、これから行われる行為が「誰のため、何のため」なのかを伝え、ゆっくりとかかわります。同性介助の基本を守ることも大切です。

ポイント 3　介護技術も一緒に身につける

　本当に拒否だけなのか、それとも、筋緊張や拘縮などにより広げることができないのかを見極めましょう。そのためには、認知症の知識だけではなく、根拠にもとづいた介護技術も一緒に学ぶことが大切です。

● すぐに「○○拒否」と考えるのはやめよう

　利用者が「いやがったり」「介護職の思いどおりにならない」と、介護職はすぐに「○○拒否」と考え、申し送りや記録でもそのように伝えることが多いように思います。

　拒否するには原因があるはずです。かかわり方と、その前後につながる対応を見直さなければ、拒否行為はより強くなります。すると、それに対して介護職は「認知症が進行した」と簡単に判断しがちです。

　介護職がかかわり方を見直さないで、不適切なかかわり方を続けていれば、「認知症を進行させてしまう」ことになりかねません。
・利用者の羞恥心を考えているか
・体位変換をしっかり行っているか
・臥床位では適切なポジショニングはできているか　　など

　排泄の場面はデリケートな部分にかかわる介助なので、これらのことが考えられていたり、行えているのかをしっかりと見直し、**すぐに拒否と考えない**ようにしましょう。

清潔を保つことは大切だけど、
おむつ交換することだけに目を向けずに
配慮していくことが大切だね！

「同性介助」は基本として
守れるようにしよう。

3 トイレまで行くことができるのに誘導は必要?!

見守りしておかないと!

なんでそんな所にいるんだ。
1人でできる……

考えてみよう! なぜ、トイレについて行き見守りしているのかな?

　自分でトイレに行くことができる利用者のEさんですが、「認知症だから」「高齢だから」とトイレ誘導をしなければ危険があると介護職のAさんは思い込んでいます。
　AさんはEさんがトイレに向かおうとするとすぐに誘導をはじめ、トイレの中まで一緒に入りすぐそばで見守りをしているために、Eさんは落ち着かず、「1人でできる」と怒っています。

Eさんの安全を考えると見守りが必要なんじゃないのかな?

介護職は認知症だから誘導しないと危険だし場所がわからないと思い込んでいないかな?

> 確認しよう！　どこがダメなの？

チェック 1　"認知症だから""高齢だから"が先行している！

「○○だから」と決めつけ、できないことやわからないことにばかり目を向けているために、利用者が自分でできることやわかることに気がついていないように思います。

そのため、必要以上に介入し、利用者にとっては他人に知られたくないことまで知られてしまうことになっています。

チェック 2　自尊心を傷つけている！

1人でトイレに行くことができるのに、1人では危ない、できないと勝手に決めつけトイレの中まで一緒に入り、すぐそばで見守りをしています。誰かに見られている状態では落ち着くことができず、利用者の自尊心も傷つけることになります。

チェック 3　自らトイレに行く行為を奪ってしまう！

自分でできるにもかかわらず誘導され見られていることで、トイレに行くこと自体が不快と認識されてしまいます。結果としてトイレに行きたくないと、自らトイレに行くという行為まで奪ってしまうことになります。

どうしたらいいの？ 偏見をもった対応をやめよう

ポイント1　できていることや認識していることを理解する

「○○だからできない、わからない」ということばかりに目を向けるのではなく、「何ができている（認識している）か」も観察しましょう。トイレの表示を工夫したりなど認識しやすいようにするなどして、過剰なかかわりはなくしましょう。

ポイント2　プライベートな空間として区別する

プライベートな空間にまで監視や見守りに入るのではなく、利用者がトイレの中に入ったら介護職はトイレの外で待ちましょう。衣服や便器などを汚していないか心配な場合には、終わって出てきたときにそっと中を確認するなど、利用者に気づかれないように配慮しましょう。

ポイント3　利用者を信じる

まずは、「1人でできる」と利用者を信じることが大切です。それでも、本当に心配なことがあれば、少し離れたところから見守ったり、利用者に話しかけながらさりげなくついていくようにしましょう。

利用者の行動を凝視してしまっては意味がないので気をつけよう！

● 自尊心や羞恥心への配慮をしよう

　排泄を誰かに見られていたら、落ち着いて用を足せませんよね？
　また、誰かに聞かれていると思えば排泄行為が不快でしかなくなってしまいます。もし、自分が同じようなことをされたらどのような思いをしますか？
　もしも、トイレまでの移動やトイレでの排泄動作に心配なことがあれば、何か会話をしたりしながら、さりげなくついていくようにします。また、少し離れたところから見守るのもよいでしょう。そして、利用者がトイレの中に入ったら一度ドアの外に出て、中の物音や時間に注意するようにします。その際、排泄の音を意識するのではなく、物を落とした音や何かにぶつかった音、さらに一番重要である転倒・転落時の大きな音などといった個室内の音に注意しましょう。プライベートな空間であるため、**自尊心や羞恥心へ配慮すること**が大切になります。

どこまでが生活リハビリなの？

　生活リハビリだからと、トイレ内の動作まで見守りなどをする必要があるのでしょうか？　例えば、男性利用者で立ったまま排泄をすることができないのに立ってしようとしているのであれば、座ってできるように認識する機能訓練や手すりの場所の検討をし、トイレ内は1人でできるように評価をしていきましょう。

プライベートな空間であることを意識して配慮したかかわりが大切だね！

4 何回もトイレに行きたいと言うのは、行ったことを忘れてしまったから?

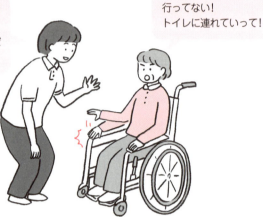

考えてみよう! なぜ、何度もトイレに行きたいと言っているのかな?

　車いすの自走が難しい利用者のFさんが、1日に何度も「トイレに連れていってください」と訴えています。
　介護職のBさんは、「認知症だからトイレに行ったことを忘れている」と思い込み、「さっき行ったばかりです」とだけ伝え、それでも訴えが続くと無視してしまっています。

Bさんはさっき行ったことを伝えているよね。なのに、Fさんはなぜ行きたいと言っているのかな?

認知症だから行ったことを忘れていると思い込んでいないかな? 確認してみよう!

132

> 確認しよう！　どこがダメなの？

チェック1　トイレに行ったことを忘れていると思い込んでいる！

　トイレに行ったことを記憶しづらい人もいます。しかし、何回も訴えるということには何か原因があるはずです。例えば、残尿感がありトイレに行きたいと訴えていることも考えられます。また、排泄障害を疑うことも必要です。

チェック2　利用者の言葉どおりにとらえている！

　利用者からのトイレの訴えに対して、介護職は原因を検討することなく、「排便」「排尿」をしたいのだと言葉どおりにとらえます。「トイレに連れていってください」と訴えたとしても、実際は下着やパッドなどがうまくはけておらず、くずれていたりして、陰部に不快があることを訴えている可能性もあります。

チェック3　利用者の声に耳を傾けなくなっている！

　利用者からの訴えに、最初は「さっき行ったばかりです」とこたえていますが、行ったことを覚えていないと判断し、何度も続くと利用者の声に耳を傾けなくなり、無視をするようになっています。

どうしたらいいの？　何度も訴えていることの理由に目を向けよう

ポイント 1　不快に感じている部分を探る

認知症があるから「トイレに行ったことを覚えていない」「尿意などの感覚がなくなっている」などと思い込んでかかわるのではなく、陰部に何かしらの違和感や不快があるのではないかと探ることも大切です。時には病院を受診しなければならないこともあるかもしれません。

ポイント 2　排泄後のかかわりも見直す

排泄だけの支援で終わらせず、排泄後のかかわりも見直しましょう。ズボンやパッドのはき心地はどうか、座位姿勢で苦痛がないか、お尻に褥瘡などからの痛みを感じていないかなども考えて丁寧にかかわるようにしましょう。

ポイント 3　原因が解消するまでかかわる

認知症により記憶しづらくなっている人に対して、「さっき行った」と伝えることで、利用者は「行っていない、なんでうそをつく」と不満をつのらせてしまいます。1日に何回も訴えるのには必ず原因があるので、無視をすることは絶対にせずに、利用者の生活に目を向け、その原因が解消するまでかかわる必要があります。

何回も訴えているのを「忘れているから」と思い込むのではなく、「なぜ何回も訴えているのか？」と疑問にもち、原因が解消するまでかかわるようにしよう！

Part 4　排泄

● 生活に目を向け、予測をもつようにしよう

　目の前の状況や、利用者の言葉だけに注目するのではなく、**利用者の生活に目を向ける**ことが大切です。

　介護職は医師ではないために病気の診断をすることはできません。しかし、「○○かもしれない」という予測をもつことは大切になってきます。そのことで、早期発見や早期対応につながり、他職種と連携（れんけい）がスムーズにいき、利用者の不快の原因を解消できることもあります。

　訴えている内容だけに耳を傾けるのではなく、**訴えている言葉の裏にある思いを探る**ことも大切です。そこを見過ごすことなく、しっかりとすくい上げて対応していきましょう。

言葉の裏にある思いを見つける

　その場だけのかかわりや対応だけではなく、ふだんから利用者とコミュニケーションを図っておくことはとても重要です。そのことで、さまざまな角度、視点から何度もトイレに行こうとする原因を予測できる視野がもてるようになります。利用者が訴えている言葉の裏にある思いが見えてくる可能性があります。

　トイレに行きたいけど連れていってもらえない。
　お願いしても相手にしてもらえない。
　こんな思いをさせないように日々の生活に
　目を向けることが大切だね！

Part 5

入浴・着替え

入浴・着替えではどんなことに気をつければよいのかなあ。

入浴・着替えの対応を考えてみよう。

入浴介助をいやがるのは、お風呂に入りたくないから?!

考えてみよう！ なぜ、「入らない」と怒っているのかな？

　入浴担当の介護職のBさんが利用者のCさんに入浴の声かけをしています。しかし、Cさんは「入らない」と言っています。介護職は入ってもらいたいので再度笑顔で「お手伝いしますから！」と声をかけますが、Cさんは「入らん！」と怒っています。
　そのことで、介護職は「Cさんはお風呂嫌いで拒否をする」と判断しています。

 何で入浴することをいやがっているのかな？

 まずは入ることをいやがっている理由を検討することが大切だよ。

確認しよう！　どこがダメなの？

チェック 1　入浴には介助が必要と理解してしまっている！

「入浴＝介助」と勝手に理解していると、入浴担当だから何とか入ってもらわなければいけないと考えてしまいます。利用者が自分でできるのであれば、余計なお世話になってしまう可能性があります。

チェック 2　介護職のタイミングで声かけをしている！

利用者に声をかけるタイミングを考えていないことがあります。例えば、食事の前後では、「お風呂の時間なので入りましょう」と声をかけても、利用者は入浴をしたいと思わない可能性もあります。

チェック 3　「入りたくない＝入浴拒否」と決めつけている！

認知症があると、「お風呂に入りたくない＝入浴拒否」と決めつけてしまいがちです。しかし、断るのには何かしらの原因があるはずです。拒否を決めつけてしまうことで利用者が感じていることに気づくことができません。

> 入浴後に「さっぱりした！」と言われる人って多いよね！お風呂が嫌いなのではなく、ほかの部分に不快を感じているんだよね！

どうしたらいいの？ 生活のなかで何をしているのかを知ろう

ポイント 1　利用者自身で入浴してもらうような声かけをする

利用者が自分でできるにもかかわらず介助してしまうことは、利用者のプライドを傷つけることになりかねません。介助ありきではなく、利用者自身で入浴してもらえるように、「入れるときに来てください」などの声かけをしましょう。

ポイント 2　利用者の今の様子を見極める

これから何かを始めるときや、何かしている最中は、そこに集中しています。声をかけることは控えます。利用者が今何をしているか、何を考えているかを見極めることが大切です。特に食事の時間は食事をすることに意識が向いているため、声をかけられてもお風呂に入りたいとは思えず、また、食事にも集中できなくなるでしょう。

ポイント 3　決めつけを疑問に変える

すぐに「拒否」と決めつけず、何か原因があるのではないかと疑問に変えて考えましょう。入浴が嫌いな人にも原因があるはずです。なぜいやがるのかと疑問をもち、その原因を少しでも解消していくことが大切です。

利用者がどんな様子でいるのか、声かけしてよいのか、介助がなくても大丈夫なのかを見極める視点が大切なんだね！

● 今どのような様子で生活しているのかにも意識を向けよう

　利用者の生活の流れを考えずに声をかけたり、入浴してもらわないと困るという介護職本位の考え方があると、利用者が**今どのような様子で生活をしているのかという姿**に目を向けることができません。

　例えば、座っている姿勢がくずれていて身体的な苦痛を感じていたり、便秘や下痢で排泄の不安があれば「お風呂どころではない」ので「入らない」と考えるのが当たり前です。

　しかし、認知症があると「お風呂に入りたくない＝入浴拒否」と決めつけてしまいます。断るのには何かしら原因があるはずなのに、拒否と決めつけていることで利用者が感じていることに気づくことができていません。

　入りたくない原因を追究し、どのような不快や不安が生じているのかを知り、不適切なケアがあれば全員で見直し**根拠あるかかわりを行うこと**が、認知症ケアには重要になります。

 1人だけが「よいかかわり」をしても意味がない

　　入浴への声かけで、いやがられない介護職がいます。その介護職のかかわりをよく見てみると、入浴時以外でのかかわり方も丁寧です。一方拒否される介護職は、「〇〇さんだから拒否しないのよ」と言うだけで自分のかかわり方を見直そうとしていません。この介護職のかかわりは自分本位で不適切なケアが多いように思います。

　　その結果、不快や不安を与えていることが多く、そのことが利用者のなかで潜在化していくと、どんなに適切なケアをしている介護職がいても認知症の症状の進行を早めてしまうことになります。

混乱を防ぐために入浴時間を固定する?!

考えてみよう！ なぜ、入浴時間は固定されているのかな？

　認知症のある人が混乱しないように、入浴時間を固定して対応を行っています。時間になったので利用者のDさんに「10時になりました。入浴の時間です」と声かけし誘導をしようとしています。

　Dさんは毎回あまりよい表情をしていません。しかし、介護職のBさんは、Dさんの思いは関係なく入浴の時間、順番ばかりを優先しています。

Dさんは入浴の時間になっても気分がのらないようだね。

Dさんの気持ちより、時間が優先になっていないかな？

確認しよう！　どこがダメなの？

チェック1　時間にばかり意識が向いている！

　時間を固定することで、介護職は動きやすくなるかもしれません。しかし、介護職は時間にばかり意識が向いてしまい、利用者に目が向かなくなります。毎日、同じ時間の流れの生活になれば、利用者にストレスを与えてしまうことになりかねません。

チェック2　余計に混乱させている！

　時間を固定してしまうことで、利用者が何かに取り組んでいても途中でやめさせることになります。入浴後に再開すればと思うかもしれませんが、短期記憶の維持に支障があるとしたら一つひとつ完結して次に進まなければ、何をしていたのかわからなくなり、混乱が生じてしまう可能性があります。

チェック3　介護職の都合で固定した対応にしている！

　利用者と話し合いをして決めているのではなく、介護職の都合で一度入浴し、拒否といわれる行動が少ない時間帯を固定の時間にしていることがあります。混乱を避けるために考えた固定の時間が、利用者の生活を管理することになってしまうことに気づくことができていません。

入浴したいと思う時間はその日によって違うことがあったりするよね。
それなのに、固定した時間で常に対応するのはストレスになってしまうことにもなるよ。

どうしたらいいの？ その人に合った時間に対応しよう

ポイント1　時間を選べるようにする

　人それぞれに時間の流れの感じ方は違います。固定をすることよりも時間を選べるほうが、自分で選んで入るという意味からも混乱は避けられると思います。時間を選ぶのが難しい場合は、利用者のふだんの様子をふまえた時間を考えていくようにします。大切なのは、その人がその時間での対応でよいのかどうかを評価することです。

ポイント2　物事が完結してから声をかける

　利用者が活動中であれば時間をずらし、その活動が完結してから声かけをしましょう。もし、どうしても固定の時間に入浴しなければならないのであれば、入浴前の活動時間を調整して、せめて途中で終わりにならないようなものを用意しておきましょう。

ポイント3　利用者の思いに近づけるように生活を見直す

　介護職本位の対応では、利用者の生活を管理することにつながってしまいます。介護職だけで勝手に時間を固定するのではなく、利用者の思いに近い時間が提供できるように考え、全体的な生活の見直しをしていきましょう。

● その時間が利用者の生活に合っているのかを評価しよう

　認知症のある人は、「新しいことが覚えられない」「わからない」「自己判断が難しい」などと、勝手に判断し、時間を決めて規則正しい生活を送ってもらうことが認知症ケアだと勘違いしていることが多く見受けられます。さらに、本当に**その人がその時間での対応でよいのかという評価**をしていないために、「全員一緒」の生活となってしまっています。

　"心身の状況に応じた介護"といわれますが、同じ病名の人でも、一人ひとり違います。同じ時間に同じことを行うことで落ち着く人もいますが、すべての人が落ち着くとは限りません。

　評価をしてみると、固定してしまうことで時間に追われる生活になっていたり、時間を気にして集中できず落ち着かない時間を過ごすことにつながってしまったりする利用者がいることに気がつくはずです。

　また、施設では入浴時間がバタバタと忙しく流れているところが多いです。業務に追われることで、リラックスできる場が不快や不安を与える場になってしまうので、介護職もバタバタしてしまう原因を追究し、利用者の思いに近い時間が提供できるように生活を見直していくことが大切になります。

入浴の時間も人それぞれだから、その時間で本当によいのかを評価することが大切なんだね！

3 おだやかだったのに洗髪しようとすると、大声を出されてしまう……

考えてみよう！ なぜ、大声を出してしまうのかな？

　介護職のAさんが洗髪介助をしようと利用者のEさんに「髪、洗いますね」と伝えながらシャワーを顔に近づけると、Eさんが「やめろ〜」と大声をあげながら両腕を振り回すほど毎回興奮してしまいます。

　そのため、Aさんは必死になって腕を抑えようとしています。そのことで今度は足をバタバタとしはじめたため、そばにいた介護職が足を抑えに駆けつけ落ち着くのを待っています。

なぜ、急に大声を出して興奮してしまったのかな？

興奮したEさんを抑えつけ、落ち着くまで待てばそれで解決なのかな？　確認してみよう！

確認しよう！　どこがダメなの？

チェック 1　毎回同様のことをくり返している！

　毎回シャワーが顔に近づくと行動・心理症状（BPSD）の増幅がみられています。それなのに、毎回同様のことをくり返しています。
　このとき、介護職が「そろそろ怒る」と身構えながらかかわっていると、声かけ自体もおろそかになってしまうことがあります。

チェック 2　からだの動きを抑えようとしている！

　両腕を振り回すことでぶつけてけがをしたり、ほかの利用者の迷惑になったりしないように介護職2人でEさんのからだの動きを抑えています。動きを抑えても根本の原因が解決するわけではありません。また、介護職は落ち着くまで待っているだけなので、さらに不快や不安が潜在していきます。

チェック 3　断ることのできない声かけになっている！

　「髪、洗いますね」と今から行う介助の説明をしてはいます。しかし、これでは利用者に伝わっているのか、利用者自身が「こころの準備」ができているのかの確認がおろそかになっている可能性があります。また、「○○しますね」と伝えることで「いや」とは言えない環境をつくり上げてしまっています。

どうしたらいいの？ 安心して入浴できる声かけや配慮をしよう

ポイント 1　利用者の表情などもしっかり見る

　いつもと同じ声の大きさで伝えても、シャワーなどの音で聞こえていない可能性があります。また過去の洗髪、洗身時の強い不快や不安を思い出してしまった可能性などもありますので、声かけだけでなく利用者の表情などもしっかり見ていきましょう。お湯のかかり方や洗い方などにも配慮することが大切になります。

ポイント 2　恐怖心と羞恥心の両方を意識する

　「やめてほしい」と自己表現をしていますので、その行為を抑えるのではなく、落ち着くようなかかわりをするべきです。裸の状態で抑えられることは、さらに恐怖を増幅させてしまいます。

　興奮した場合は、シャワーがかかってしまう場所やシャワーの音が聞こえる場所から離れた場所へ移動します。その際、バスタオルなどで全身が隠れるようにして、恐怖心と羞恥心の両方を意識することが必要です。

ポイント 3　こころの準備ができるような声かけをする

　声かけの仕方を考える必要があります。

　「○○しますね」ではなく「○○してよいですか？」など、利用者が「次、どんなことが行われるのか」と考えられるようにすることが大切です。また、声かけ後に少し時間をおき、声かけしてすぐに介助に移らないようにすることも大切です。断ることもできるとわかれば安心感につながります。

● 過去の経験も考えよう

　過去に、洗髪、洗身時に強い不快や不安がなかったかを確認しないまま、「おだやかだから大丈夫」と決めつけた対応をしてしまえば、行動・心理症状の増幅も起きてしまいます。

　また、洗髪時や洗身時といったピンポイントでの行動・心理症状の増幅だけだと思わないようにしましょう。例えば着脱のときからのかかわりなどからも原因を追究し、どの部分に不快や不安が現れているのかを知ることが大切です。特に入浴時は、裸といった羞恥心から緊張していることも考慮して次のかかわりができているかも確認してみましょう。

・顔にお湯が流れて苦しくないか
・耳にお湯が入っていないか
・陰部を洗われたくないと感じていないか
・頭・からだの洗い方が雑だったり力が入りすぎて痛くないか

　こうした部分からしっかりとかかわり方を見直していくことも大切になります。

シャワーの当て方も大切！

　シャワーの当て方一つで不快や不安になってしまうことがあります。入浴介助では、シャワーの当て方の勉強会なども行うとよいでしょう。
　洗髪介助の際は、人によっては「髪、洗いますね」より「頭、洗いますね」のほうがよい場合があります。髪の量を気にしている人もいますので、不快を軽減するためにも考えておくとよいです。そして、洗髪の仕方もしっかりと見直していきましょう。

入浴介助はからだに直接触れるからこそ、洗髪時、洗身時の過去の記憶にも配慮したかかわりも大切になるんだね！

4 入浴後に声をかけても衣服を着てもらえない……

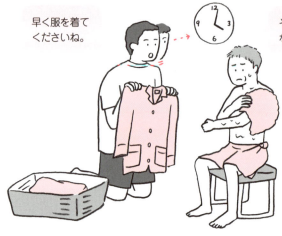

考えてみよう！ なぜ、Fさんは困った顔をしているのかな？

　利用者のFさんは、入浴後、浴室から脱衣室に出て、バスタオルでからだの水気をふき取り少し休んでいます。そこに介護職のAさんが「早く服を着てくださいね」と声かけをしています。

　しかし、Fさんは困った顔をしてなかなか衣服を着ようとしません。Aさんはすかさず「湯冷めして風邪をひいたら大変ですから、早く服を着てください」とやや怒った口調で声をかけています。

お風呂ってリラックスできる場所なのに、これだとゆっくりできないね……

介護職はFさんが困った顔をしているのに着替えを急がせてしまっているね。

Part 5　入浴・着替え

確認しよう！　どこがダメなの？

チェック 1　着替えを急がせている！

　介護職は、時間内に複数の利用者の入浴を終えるために利用者の状況を考えず、入浴後すぐに衣服を着てもらえるように急がせています。利用者は「早く」という声かけに不快を感じるだけでなく、着替えに混乱が生じる可能性も高まります。

チェック 2　着てもらうことを押しつけている！

・しっかりとからだの水分がふききれていない
・入浴後で暑くてまだ着たくない
・どこかに痛みがあり自分で着ることに抵抗を感じている
・少し休んでから、ゆっくり着替えよう　　など

　利用者の状況把握をおろそかにし、着てもらうことの押しつけになってしまっています。

チェック 3　疲れを感じさせている！

　本来、風呂は疲れをとるところだったり、リラックスできるところだったりします。利用者がそう認識していても、介護職の急がせる声かけやかかわりで認識にズレが生じ、疲れさせられたと感じる可能性が高いです。

認知症のある人には、着替えができていても急がせることで順番がわかりにくくなってしまうことがあるよ。

どうしたらいいの？ 状態を観察しゆとりをもって対応しよう

ポイント1　ゆとりをもって対応する

他人に急がされることは過度のストレスを感じます。なかなか着替えよっとしない原因を考えなければ、不快は解消できません。裸の状態で急がされると緊張（きんちょう）も加わります。ふだんからゆとりのある生活が送れるかかわりを心がけましょう。

ポイント2　入浴後の心理的な状態を考える

からだが湿っていることや、ふき残しの部分が気になっている可能性があります。衣服を着てもらう前に、「そっと」ふき残しなどがないか確認し伝えることも大切です。

また、入浴後すぐに衣服を着るのは暑かったりします。中重度の認知症のある人で思いを伝えにくい人の場合、介護職主導になりがちです。入浴後の心理的な状態を考えたかかわりで不安の軽減を図りましょう。

ポイント3　入浴後の状態を観察する

入浴後だるいと感じている場合、すぐには動きたくないと感じると思います。また、入浴中は汗をかくため、脱水にならないように水分をとってもらうことも重要です。すぐに動かす前に状態を観察するようにしましょう。

利用者のタイミングを考え着替えてもらうだけでなく、入浴後の状態の観察が大切なんだね！

● 入浴後に変化がないか状態の観察をしよう

　入浴後の状況を考えれば、「衣服を着てください」と伝えることの前に確認することがあるのではないでしょうか？

　しかし、時間に追われ終わったらすぐにフロアに移動することなどが業務の流れで決められていると、気づかなければならないところに目を向ける余裕がなくなってしまいます。

　「着てもらえない……」と決めつけるのではなく、**「まだ着たくない原因があるのでは？」と視点を切り替える**ことが大切になります。

　また入浴時は、温度差によって起こる血圧変動（ヒートショック）により、通常時の生活より行動・心理症状（BPSD）が増幅（ぞうふく）することがあります。特に入浴している時間や入浴の時間帯には注意が必要です。入浴直後の「何となくだるい」が命にかかわる場合もあるので、すぐに動かす前に**利用者の状態の観察をする**ことは重要になります。

ヒートショック

　急激な温度の変化によって血圧が大きく変動し、からだに大きなダメージが加わることです。命にかかわることも多くあります。すべての人に注意が必要ですが、血管性認知症のある人はより注意が必要になります。特に冬場に多いといわれていますが、ここ最近はエアコンによる温度調整により、夏場でも起こっています。

脱水に注意！

　入浴中は汗をかいています。そのことで脱水傾向になることがあります。脱水から一時的に認知機能の低下を引き起こすこともあるので、入浴後は水分をとってもらいましょう。脱水は、認知症の進行や命にかかわることもあるので注意しましょう。

5 正しい衣服の着方を伝えたつもりが、自分で着られなくなってしまった?!

教えた順番で着替えてくださいね。
（スウェットだし着替えやすいはず）

一度に言わないでくれ……。
混乱する。

考えてみよう！ なぜ、Gさんは着替えに混乱しているのかな？

　介護職のBさんは利用者のGさんに着替える順番を一通り伝えて、自ら着替えをしてもらうようにしています。衣服は着替えやすさを考え、スウェットを用意しています。しかし、Gさんはある部分で混乱してしまい着替えが進まなくなっています。

Gさんはなぜ着替えることに混乱しているのかな？

介護職は順番を伝えたからできると思っているけど、伝わっているのかな？

154

Part 5　入浴・着替え

確認しよう！　どこがダメなの？

チェック 1　伝わらない声かけになっている！

利用者に自分でできるように伝えることは大切です。しかし、着替えの順番を一度に理解しづらい人もいます。伝えすぎにより、情報の混乱が起き、自分で着替えができづらくなっている可能性もあります。

チェック 2　「○○しやすさ」で考えている！

介護職は、「着やすさ」や「介助しやすさ」を考えたものの、利用者にとっては前後ろがわかりにくいスウェットを準備しています。同じ色や素材感で「上下・前後ろ」がわかりにくいと着替え方にまで支障が出てしまいます。介護職はこれを失行が現れたと誤った判断をしてしまう可能性があります。

チェック 3　着る順番を考えていない！

着替える順番について声かけをしていますが、利用者の習慣化している着る順番を考えていない可能性もあります。言葉の理解に時間がかかってしまったり、見て判断できる人には、声かけがかえって混乱の原因になってしまいます。

「伝えている」と思っているのが介護職の自己満足になっているかもしれないね。

どうしたらいいの？ 伝わるようにアプローチしよう

ポイント1　伝わるかかわりをする

伝えすぎは認識のしづらさを招き、頭の中で会話が混乱してしまうことがあります。利用者が理解できる単語数を知り、記憶、認識ができる単語数で伝えていきましょう。また、利用者の動きを待つことも大切です。

ポイント2　優先すべきところを間違えないようにする

介護職の「○○しやすさ」といった利用者への配慮（はいりょ）が、利用者にとってはわかりにくさを招いていることがあります。判断しにくい状況をつくってしまい、認知症の症状を進行させることにつながってしまいます。

着替えの場合であれば、利用者にわかりやすいようにスウェットではなく、前開きの衣服にかえるといった対応も大切です。

ポイント3　利用者の生活習慣にも目を向ける

利用者の着替えの順番を知り、その順番に沿って伝えることで混乱を避けることもできます。どのようなこだわりがあるか、着替えのとき最初に手にしているのは何かを、生活習慣に目を向け知ることが大切です。家族などから情報を聞いておきましょう。

失行

麻痺（まひ）などの運動障害がなく、言われたことも理解しているにもかかわらず、日常生活でふだん行っている動作がうまくできなくなることです。この場面では、介護職が混乱を与えて着衣失行（からだと衣服を空間的に適合できず、裏表の区別がつかない、ボタンがかけられないなど）という間違った判断につながりかねません。

● 伝わるかかわりを考えていこう

　伝えたつもりなのに、利用者が自分で着替えられなくなっているのは「伝わっていない」からです。これはその日に現れている症状によっても変わります。利用者がどこまで着替えができるのか、どのように伝えると混乱しないのかなどを考えることが大切です。

　例えば、たたみかけるように伝えないようにしたり、利用者のふだん着る順番と逆に伝えないようにしたりするなど、利用者の**記憶と認識を考えた伝え方**に見直していきましょう。また、わからなくなったと勝手に判断する前に、**利用者の動きを待つこと**も大切です。

　そして、認知症のある人のなかには言葉だけでは伝わりにくい人もいます。伝え方は言葉だけではないため、簡単な文字やイラストにして説明を示したものを用意するなど、**利用者に伝わるかかわり**を考えていきましょう。

 衣服の選択も大切！

　認知症になってしまうと、スウェットやジャージのような着替えやすい衣服を介護職などが用意しがちです。その衣服で1日中生活していると身だしなみまでくずれていってしまう可能性があります。日中の生活で身だしなみを整え、メリハリがある生活を送ることは認知症の進行予防にもなります。

介護職が伝えたと思っていても、
利用者に伝わっているとは限らないんだね。
「伝わる」かかわりを考えていくことが
大切なんだね！

Part 6

睡眠

① 夜寝るためには、日中たくさん活動をするのが大切?!

Cさんには
レクリエーションや
片づけをして
もらったから、
ゆっくり眠れるはず。

全然眠れないわ……

考えてみよう！ なぜ、Cさんは夜なかなか眠れないのかな？

　利用者のCさんが夜間なかなか眠れないため、介護職のBさんは日中の活動が充実していないためだと思い、寝る前までさまざまなことをお願いしてやってもらっています。それにより疲労感が出ているから夜間はよく眠れるだろうとBさんは思っています。しかし、Cさんは夜間寝つけないようです。

活動をたくさんして動いているのになぜ眠れないのかな？

眠れるように活動をたくさんやってもらうことが対応としてよいのかな？　確認してみよう！

確認しよう！　どこがダメなの？

チェック 1　昼夜逆転と思っている！

夜間に眠れないのは認知症の症状からの昼夜逆転と考え、利用者が日中、眠らないように活動量を増やしています。しかしただ活動をするだけになり、肉体的な疲労が蓄積し、さらにはやらされているだけで脳があまり使われない状況になっています。

チェック 2　疲労感から不快や不安が出ている！

からだが疲れれば眠れるだろうと安易に考えています。身体的な疲労感のみで、からだがだるくなる不快からイライラしたり、からだがおかしいなどと不安を感じる可能性に目が向いていません。

チェック 3　生活のリズムを考えていない！

１日の生活リズムを考えれば、活動の「①準備→②開始→③ピーク→④ダウン」といった流れがあるはずです。しかし、寝る直前までさまざまなことをやってもらうなど①〜③までの活動になっているだけでは、夜に向けて徐々にからだと脳を休めていく準備ができていない状態になります。

疲労感によるだるさが不快な症状になってしまった場合は、余計に眠れなくなってしまうね。

どうしたらいいの？ 生活を考えた活動をしよう

ポイント1　活動内容を考える

　昼夜逆転と考え、日中に寝ないようにからだを動かす活動をしてもらうのではなく、利用者が興味をもち、行動できる内容を考えましょう。また、室内だけの活動にとらわれないことも重要です。

ポイント2　評価しながら活動してもらう

　利用者の表情ややりたいことなどを介護職がしっかりと評価しながら活動してもらうことが大切です。眠れるようにすることにだけ目を向けるのではなく、活動のなかで不快や不安が出ている状況が少しでもみられた場合は、活動を優先するのではなく活動をやめることも重要です。

ポイント3　生活のリズムに合わせて活動量を減らす

　朝から夜にかけての生活のリズムがあります。起きてから寝るまでの間、全力で活動するのではなく、ピークを日中にもっていき、夕方から寝る2時間くらい前までにゆっくりとからだと脳を落ち着かせられるよう、活動量を減らしていきましょう。

生活とは
　生きるために必要な活動のことです。例えば、衣食住を続けるために働くこと、余暇を楽しむこと、他者との交流などがあります。

● 生活のリズムをくずさない活動ができるようにかかわろう

　日中、ボーっと座っているだけ、テレビを眺めているだけの生活よりは、何かしらの活動をすることが生活のリズムを整えるのには大切です。しかし、活動にだけ目を向けてしまうと、
・疲れによるだるさを感じてしまう
・からだか脳のどちらかだけが疲れてしまう
・やらされる活動になっている
・座っての活動ばかりになっている
などのかたよった活動になってしまう可能性があります。
　かたよった活動ではなく、**生活のリズムをくずさない活動ができるようにかかわる**ことが大切です。「継続していく活動」（例：食べることや歩くこと）で手続き記憶へ、「完結する活動」（例：調理や掃除）で短期記憶へのアプローチをして不快・不安が快・安心となるようにはたらきかけていきましょう。そのなかで、常に活動をするのではなく、24時間での時間配分を考え、リラックスできる時間や空間を整えることも夜間の睡眠を促すかかわりの一つになります。

生活のリズムをくずさない活動ができるようにしながら、からだと脳を落ち着かせていくとよいんだね！

2　日中の活動は何でもよい?!

考えてみよう！　なぜ、Dさんは無理やり活動させられているのかな？

　利用者のDさんはからだを動かすような活動をしたいと思っています。しかし、危ないからと座っている状態が長くなっています。座った状態でウトウトしてしまうので、介護職のBさんは夜眠れなくなると思い、Dさんのやりたいこととは関係なく「○○してください」「○○お願いします」と無理に時間つぶしの活動をしてもらっています。Dさんは不機嫌な表情をしながら取り組んでいます。

　夜眠れるなら活動をしたほうがよいのかな？

　座ったままの活動や無理にお願いされてやることに意味はあるのかな？　確認してみよう！

Part 6 睡眠

> 確認しよう！　どこがダメなの？

チェック 1　座ったままの活動にしている！

転倒の危険も考えて座った状態での活動のみをやってもらおうとしています。そのことで、生活にメリハリがなくなり活動性の低下につながります。また、リスクを回避することで意識的に考えることがなくなり判断力なども低下して認知症の症状が進行する可能性もあります。

チェック 2　強要になっている！

利用者がやりたいと思う活動ではなく、介護職がお願いする活動になってしまっています。直接お願いされることで断りづらい雰囲気をつくってしまうことで、利用者はストレスを感じている可能性があります。

チェック 3　時間をつぶすための活動になっている！

認知症があることで、いろいろなところに行く可能性があると思い込み、介護職の目が行き届くようにその場にいてもらい時間をつぶす活動になっています。そのため、時間がくるとその活動が途中で終わることにもなり、利用者にとっては何をやったのか記憶に残らないままで終えてしまうことになります。

> 座ったままでの活動がよいという人もいる可能性もあるので、その人に合った活動を考えていくことも大切になるよ。

どうしたらいいの？ 日常生活のなかで動きのある活動にしよう

ポイント 1　日常生活のなかで動きのある活動を考える

座ったままの時間が長く続くと、認知症の進行や狭心症、脳梗塞などのリスクを高めてしまうと言われています。そのため特別なことではなく、日常生活のなかで動きのある活動を考えていくことが大切です。例えば、食事の配膳・下膳、食器洗いやテーブルふきなどを行うことも立派な活動の一つです。

ポイント 2　やりたいと思える活動に取り組めるようにする

お願いされての活動ではストレスを感じていることがあります。そのストレスなどから夜間睡眠に影響が出て、睡眠時間が変わっていき、日中ボーっとしてしまったり、昼夜逆転になってしまう可能性があります。利用者がやりたいと思える活動に取り組めるようにしていくことが大切です。

ポイント 3　やり遂げられる活動を提供する

活動が途中で終わると、やり遂げられないことが気になってしまい寝つけないことにつながる可能性があります。取り組める時間内にやり遂げられる活動にすることは、達成感につながり、「できる」自信から快を感じてもらうことで、こころが落ち着きます。

日常生活とは

毎日くり返される生活のことです。例えば、昔から行ってきていることで知識として潜在していて、無意識でも行えることをいいます。特別な出来事のない生活をいいます。

● 生活に結びつく活動を意識しよう

　利用者がやらされていると感じる活動であったり、やりたくないと感じる活動ではなく、生活への自信につながる活動を意識することが大切です。「自分でできる」「思いを実現できる」「やりたいと思える」ことで安心や快につながり、生活に結びついていきます。

　介護職が「夜眠れるように」考えた活動では、利用者にとってはただやらされている活動になったり、やりたくない活動になっている可能性があります。**日常生活のなかで動きのある活動を考え個別にしっかりと取り組んでもらう**ことが大切です。その際に「個別ケア」と「個人ケア」では考えが異なります。マンツーマンでの活動ではなく、選択できる小グループでの活動を考えたり、1人でも継続してできる活動を考えていくようにしましょう。

見守りしやすいと勘違いしている

　介護職は認知症の症状もふまえ、移動すると目が行き届かなくなってしまわないように、利用者を座らせて見守りしようとしていることがあります。しかし、これでは利用者の活動を監視や管理していることになります。

　歩くことができるのであれば、「危ないから」や「管理しやすいから」といった理由で、座ったままの活動や集団での活動ばかりにしないようにしましょう。

ただ活動をお願いするのではなく、やりたいと思える活動をしていくと、動きも活発になっていいね！

3 夜間睡眠にどうつなげていいかわからない……

考えてみよう！ なぜ、Eさんは夜中にウロウロしているのかな？

　利用者のEさんは、夜中の1時を過ぎているのに眠れない様子で廊下をウロウロしています。介護職のAさんがすぐに駆け寄り、「もう夜中だから寝てください」と伝えながら部屋に連れ戻しています。しかし、Eさんはすぐに部屋から出てきてしまいます。そのためAさんはだんだんとイライラした表情になり、「何回言えばわかるんですか」と必死に部屋に連れていこうとしています。

何回も言っているみたいだけど、Eさんはウロウロしているね。

介護職は認知症の症状によるものと思い込んで、何回も言ってしまっていないかな？

Part 6　睡眠

> 確認しよう！　どこがダメなの？

チェック 1　寝かせようと必死になっている！

　介護職は利用者を寝かせようと必死になり、眠れない原因を検討していません。原因が解決しなければ、同じことのくり返しになるだけでなく、眠れないことによる不安や不快がさらに増幅してしまう可能性があります。

チェック 2　部屋に連れ戻そうとしている！

　眠れない利用者に対し、「部屋に連れ戻す」というのは不適切なかかわりになっている可能性があります。部屋から出てきた理由を考えずに連れ戻すことで不安は増幅する可能性があります。

チェック 3　生活のリズムが整っていない！

　夜中という現実にのみ目を向けています。眠れないということは夜に眠れるように生活のリズムが調整できていない可能性があります。夜中だから眠る時間だと押しつけるだけでは、原因を解決しておらず、利用者に不快を与えています。

> 眠れないのに部屋に連れていっても眠れるわけではないよね。
> 自分が眠れないときにどうしているかを考えるのも大切かもしれないね。

どうしたらいいの？ 状態・環境・活動を見直してみよう

ポイント 1　眠れない原因がどこにあるかを知る

　寝かせることに必死になることはやめましょう。まずは、原因がどこにあるのかを検討します。例えば、日中にどのような生活をしていたのか、便秘ではないかなどの体調面を知ることで、その部分にかかわりをもつことが大切です。

ポイント 2　会話をしながら一緒に過ごしてみる

　すぐに部屋に連れ戻すのではなく、会話などをしながら少し一緒に過ごしてみましょう。会話のなかで、眠れない原因のヒントに気づけることがあります。また、明るいところで誰かがそばにいるとウトウトすることがあります。暗い部屋に１人でいると不安になるため眠れなくなっていることもあります。そのようなときは場所を変えてみるとよいかもしれません。

ポイント 3　夜間睡眠に向けた流れをつくる

　生活のリズムを整え、日中の活動と、夕方から夜間睡眠に向けた流れを提供することも必要です。例えば、徐々に照明を暗くしたり、入浴時間を夕食後にしたりすることなども大切です。また、ゆったりできる、雑音が少ない空間をつくるなど、視覚や聴覚からも睡眠につながる環境を整えることも重要です。

入浴が難しいときは、手浴や足浴でも効果はあるよ。

● 睡眠につながるかかわりをしよう

　夜間に眠れないと睡眠導入剤の内服を検討しがちです。しかし、これでは根本的な原因の解消になっていません。睡眠導入剤がからだにたまってしまったり、効果が出るのが遅く日中まで残ってしまう人もいます。それにより日中に活動をしていても眠気が強くなり、さらには転倒などのリスクを高めてしまいます。

　服薬の検討をする前に、**利用者が日中どのように過ごしているのか**を考えたり、**排泄状況などの身体状況の把握**をしておくことも大切です。

　そして、自分では動くことが難しい利用者にとっては、**体位変換や寝ている姿勢でのポジショニング**も大切になります。ポジショニングがしっかりできていないと、臥床姿勢での筋緊張が高まり、苦しくて眠れないなどの原因になってしまいます。苦しくて眠れないことは「死」を意識してしまい不快や恐怖となり、認知症の症状の進行にもつながってしまいます。さらには拘縮が進行することもあるので、睡眠の支援においては適切なポジショニングの技術が求められます。

その他の睡眠につながるかかわり

　日中の室内活動の際には、カーテンを開けるなどして利用者に自然な光を少しでも感じてもらうこともよいです。また、アロマテラピーやハンドマッサージなどもいやし効果があり、睡眠を促す効果があります。このように、身近なところにも利用者が落ち着くかかわりがあります。

日中の生活の様子や姿勢の確認など睡眠につながるかかわりが大切なんだね！

4 毎日、昼寝はしっかりとすることが大切?!

考えてみよう！ なぜ、食後に昼寝をさせようとするのかな？

　介護職のBさんは、食事が終了し30分以上経ったので、昼寝の時間のため横になってもらうように強要しています。強要された利用者のFさんは不機嫌そうな表情でベッドに横になっています。
　昼寝をしている間は「自分たちの業務ができる」との思いも重なり、1時間以上の昼寝時間を設けています。早く起きてしまう場合には、「まだ早いですよ」と起きないようなかかわりをしています。

昼寝をするのはよいとかって聞くけどどこがダメなのかな？

これだと昼寝の時間が介護職のためになってしまっていないかな？

> 確認しよう！　どこがダメなの？

チェック1　寝ることを強要している！

　眠くない利用者に昼寝の時間だからと眠ることを強要するのは、不快を与えているだけにすぎません。さらに、起きてくる人を再度寝かせる行為は、「起きてはいけないのか？」という不安につながる可能性があります。

チェック2　睡眠時間が長くなっている！

　日中の活動量が少ないかどうかを考えずに、昼寝の時間を長くしています。起床後に活動するときに頭がボーっとしてしまっていることで、活動性の低下や転倒などのリスクが高まっています。また、長い時間脳が休んでしまっていることで、脳のはたらきが低下し認知症の進行にまでつながると言われています。

チェック3　夜間の睡眠のさまたげになっている！

　介護職は「横になって眠らなければいけない」と決め込んでいること、さらには1時間以上の睡眠を設けていることで、利用者が完全に寝入ってしまう環境をつくり上げています。これでは、日中の活動量の低下だけでなく夜間睡眠のさまたげの原因にもなってしまいます。

どうしたらいいの？ 効果的な昼寝にしよう

ポイント1　その人の思いを尊重する

　起きていたい人や、すぐに起きてきた人を昼寝の時間だからと無理に寝かせるのではなく、その人の希望を尊重しましょう。また、昼食後に介護職が必死に寝床をつくるのではなく、寝たいと思っている人だけのかかわりにしていきます。その日その時の状況でのかかわりを心がけるようにしましょう。

ポイント2　効果的な昼寝の時間にする

　昼寝を認知症ケアと考えるなら、昼寝の効果を考えることが大切です。例えば、20分くらいの睡眠は、午前中の疲労した脳とからだをすっきりさせたり、午前中に感じたストレスの軽減にもつながると言われています。しかし、起きてすぐの活動はリスクも高いため、昼寝後はゆっくりとした活動から始めていきましょう。

ポイント3　休憩するような感覚の環境をつくる

　完全に眠るのではなく、少し休憩をするといったイメージに切り替えることが大切です。横にならなくても、机に伏せたり、ソファーなどに寄りかかって休むことでもよいと思います。その際に、照明を暗くする、ヒーリング系の音楽を流すなど、リラックスできる時間や環境にすることも大切です。

● 昼寝の時間と質を考えよう

　施設・事業所、特に通所系においては昼食後に昼寝をサービスの一環としているところが多くみられます。しかし、提供している目的が明確になっていないことや、1時間以上という時間設定に問題があるように思います。昼寝の時間が長すぎると、起きてから脳やからだがボーっとしている状態になり活動性や判断力などの低下、夜間眠れなくなるなどのマイナス効果が生じてしまいます。長時間の昼寝後、利用者がどのような状態で生活を送っているかを確認し、考え方を見直していきましょう。

　認知症があるから、高齢だから、「疲れている」「昼寝をしなければならない」と思い込んでかかわるのは適切ではありません。午前中のストレスなどを睡眠で軽減し、午後の活動の効率を高められる**「意味のある昼寝」になっているかを評価する**ことが大切です。

レム睡眠とノンレム睡眠

　睡眠には、身体の眠りの「レム睡眠」と脳の眠りの「ノンレム睡眠」があります。最初に脳を休ませるノンレム睡眠が訪れます。15〜20分の軽い睡眠で目覚めると、脳の疲労はとれすっきりとした目覚めになると言われています。逆にそれより長い時間寝てしまうと、深い眠りに入ってしまうため、起きてからボーっとしてしまい活動性の低下につながってしまいます。利用者のことを考えた睡眠の時間にするようにしましょう。

昼寝を効果的な時間にすることが大切なんだね！

著者紹介

山出　貴宏（やまで　たかひろ）

株式会社 NGU 代表取締役
　介護研修事業「ステップ」
　生活維持向上倶楽部「扉」（地域密着型通所介護事業所）
　生活維持向上倶楽部「心」（訪問介護事業所）
　生活維持向上倶楽部「匠」（地域密着型通所介護事業所）
　認知症フレンドシップクラブ横浜事務局

1976 年生まれ
介護福祉士

東京福祉専門学校で医療ソーシャルワークを学び、卒業後、建築会社に就職し一般建築とバリアフリー建築を現場で学ぶ。その後福祉業界に就職。訪問入浴介護、特別養護老人ホームで勤務。1 分でも長く自宅で生活を続けられるかかわりができる事業所をつくりたいと法人を設立。独立後は「闘魂介護士」と呼ばれるようになる。
通所介護事業所開所後は、パートナーと「じりつ支援」を実践。要介護度の改善や介護事業所からの卒業、自宅での生活によい変化が出るなど成果が出ていることから、介護技術、認知症ケア・じりつ支援に関してのセミナーなどのほか、直接現場に入っての技術・取り組み・かかわり方の見直し指導を行っている。特に認知症ケアには「介護技術」を用いたかかわり方の見直しが大切なことを伝えている。

ステップアップ介護
よくある場面から学ぶ認知症ケア

2019年9月1日 初 版 発 行
2022年7月10日 初版第2刷発行

著　者 ……………… 山出貴宏
発行者 ……………… 荘村明彦
発行所 ……………… 中央法規出版株式会社
　　　　　　　　　〒110-0016 東京都台東区台東3-29-1 中央法規ビル
　　　　　　　　　Tel. 03-6387-3196
　　　　　　　　　https://www.chuohoki.co.jp/

装幀・本文デザイン ……… 石垣由梨、齋藤友貴（ISSHIKI）
本文イラスト ……………… 平のゆきこ
キャラクターイラスト ……… こさかいずみ
印刷・製本 ………………… 株式会社アルキャスト
ISBN978-4-8058-5929-2

定価はカバーに表示してあります。
本書のコピー、スキャン、デジタル化等の無断複製は、著作権法上での例外を除き禁じられています。
また、本書を代行業者等の第三者に依頼してコピー、スキャン、デジタル化することは、
たとえ個人や家庭内での利用であっても著作権法違反です。
落丁本・乱丁本はお取り替えいたします。
本書の内容に関するご質問については、下記URLから「お問い合わせフォーム」に
ご入力いただきますようお願いいたします。
https://www.chuohoki.co.jp/contact/